Barbara Nordmeyer · Leben mit Christus

Christus-Johannes-Gruppe
Anfang 14. Jh.

Barbara Nordmeyer

Leben mit Christus

Betrachtungen zum Johannes-Evangelium

Urachhaus

ISBN 3 87838 301 0

 Satz und Druck der Offizin Chr. Scheufele, Stuttgart.

Die Ostertatsache

»Tatsachen wie die Auferstehung Christi sind wie Blitze, in welchen die höhere, das heißt die wahre, die innere Geschichte in die bloß äußere hindurchbrechend hereintritt.«

»Allerdings wird es, wenn jemand auch zur letzten Erkenntnis durchgedrungen, auch dann wird es in Frage stehen, ob er sie zu ergreifen und anzunehmen fähig ist, ob er ein *Herz* zu ihr fasse; denn ein Herz gehört allerdings dazu wegen der Überschwänglichkeit des Gegenstandes...«

Aus Schellings »Philosophie der Offenbarung«

Inhalt

Vorwort

Die Offenbarung des Johannes spricht von dem evangelium aeternum, dem ewigen Evangelium, das ein Engel durch den Zenith des Himmels trägt.

Vielleicht ist es so, daß jedes Jahrhundert, jede Generation die Evangelien neu für sich entdecken muß, ja, daß es so viele Leben Jesu gibt, wie es Menschen gibt. Aus dieser inneren Gewißheit heraus konnte Novalis sagen: »Wer hat die Bibel für geschlossen erklärt?«

Wenn sich heute eine neue Liebe gerade zum Johannes-Evangelium bemerkbar macht, so bestätigt das die Wahrheit der Religionsphilosophie Schellings, der nach dem Ablauf der petrinischen und paulinischen Epochen des Christentums eine johanneische Epoche heraufziehen sah, geprägt vom Heiligen Geist. Die intensive Suche nach geistiger Erfahrung, die heute allenthalben aufgebrochen ist, läßt uns neu aufhorchen bei der kühnen Prophezeiung von Christian Morgenstern, daß wir nicht etwa am Ende, sondern am Anfang des Christentums stehen. Ohne die Anthroposophie Rudolf Steiners wäre diese Betrachtung nicht entstanden. Sie möchte helfen, die Wissenschaft vom Geiste einem breiteren Leserkreis zugänglich zu machen, aus der Überzeugung heraus, daß das Leben Jesu Christi, die Evangelien ohne dieselbe dem modernen Bewußtsein weithin verschlossen bleiben müßten.

Taufe

Erst von dem Taufgeschehen ab kann man von dem Wirken des Gottessohnes auf Erden sprechen. Die vorangegangenen 30 Jahre sind in den Evangelien vom Schleier des Geheimnisses umhüllt. Nur einmal blitzt ein Strahl hindurch und beleuchtet die mysterienhaft anmutende Szene im Tempel zu Jerusalem, als Jesus 12 Jahre alt war. Aber nun, am 6. Januar, tritt das Göttliche im Menschen in Erscheinung. Bis in das 4. Jahrhundert hinein hat man darum diesen Tag der Taufe, der Epiphanie, als das eigentliche Weihnachtsereignis gefeiert. – So beginnt auch das Johannes-Evangelium nach dem großen Prolog mit der Taufe.

Schon längere Zeit, etwa 150 Jahre, wurden im Orient Taufriten vollzogen. Es war eine Art Einweihungsakt, der den in das strömende Wasser Getauchten bis an die Grenze führen sollte, wo Tod und Leben sich scheidet, um womöglich einen Lichtstrahl der geistigen Welt zu erspähen und, von ihm beleuchtet, das vom Jenseits überschaute Leben noch einmal neu zu beginnen. Daß solche Erfahrungen an der Todesschwelle wahrhaft sind, ist bis heute vielfach bezeugt.

Aber warum führte man das künstlich herbei? Man kann sich das Empfinden der Gottverlassenheit und Himmelsferne an dieser Zeitenwende nicht intensiv genug vorstellen. Waren doch Jahrhunderte vorange-

gangen, in denen die Menschheit über die Erde hin wie unter einem noch offenen Himmel gelebt hatte, von Offenbarungsfülle reich beschenkt. Man mußte nicht darüber reflektieren, ob es Götter gibt, denn man erlebte sie, konkreter fast denn die irdische Umwelt. Die Kunstwerke alter Kulturen legen ein beredtes Zeugnis davon ab, man braucht nur an die Tempel und Gräber in Ägypten zu denken. Langsam jedoch hatten sich die Tore des Himmels geschlossen. Die Götter antworteten nicht mehr, wenn die Priester sie befragten. Die Schilderungen von Plutarch geben etwas von der Stimmung der tiefen Resignation und Verlorenheit wieder, wenn er z. B. beschreibt, wie man in Griechenland Boten ausgesandt hatte zum Pansheiligtum auf einer Insel in der Ägäis, um Rat einzuholen in einer Bedrängnis. Wartend stehen die Menschen am Ufer. In der Ferne zeigt sich das rückkehrende Schiff. Aber was ist das? Die ersehnte Landung bleibt aus. Sie wagen nicht, die schreckliche Botschaft von Angesicht zu Angesicht zu überbringen. Über das Wasser hallt der Ruf: Saget es weiter – der große Pan ist tot. Dann schwindet das Boot wieder in die Ferne. Es ist die gleiche Stimmung der Götterdämmerung, die auch die nordischen Völker klagen ließ: Baldur ist tot.
Dieses Frösteln der sich verlassen fühlenden Menschheit durchzieht das innere Klima der Zeitenwende. Erst auf diesem Hintergrund kann man die Einzigartigkeit des Taufgeschehens am Jordan erfassen, die sich dem einseitig auf irdische Verhältnisse beschränkten Ver-

stand entzieht. Man kann die mystische Einswerdung des Göttlichen mit dem Menschen nur erahnen.
Da ist der Mensch, Jesus von Nazareth, der als Zimmermann durch die Lande gezogen war und die wachsende Not und Vereinsamung der Menschen tief in sich aufnahm. Leerstehende Tempel hatte er gesehen; auch die zunehmende Erstarrung der jüdischen Gesetzesreligion erkannt. Sein durch intensives Mitfühlen sehend gewordenes Auge schaute die Menschen wie eine Herde, die ihren Hirten verloren hatte. Selbst die therapeutische Gemeinschaft der Essäer konnte ihre Frömmigkeit nur pflegen, wenn sie sich zurückzog in die Einsamkeit und von den anderen absonderte. Immer tiefer grub sich ein allumfassendes Erbarmen in seine Seele ein, bis sie eine vom eigenen Selbst ganz entleerte Schale war, bereit, sich völlig der helfenden Gottheit zu opfern.
Und auf der anderen Seite Johannes, der Spätgeborene, Gottverheißene, den alten Eltern wie zum Geschenk Anvertraute. Sein Leben ging ganz in der Sehnsucht nach dem erwarteten Messias auf, dessen Ankunft von den Propheten für diese Zeit erhofft wurde. Die sparsamen Worte im 1. Kapitel des Johannes-Evangeliums, mit denen er seine Sendung und zugleich das bei der Taufe Jesu Erlebte beschreibt, lassen eine hintergründige Erfahrung erahnen, etwas wie eine Schauung. Es könnte doch sein, daß sich seinem brennenden Herzen einmal die Himmel geöffnet haben und er einen Blick tun durfte in das Innere der Sonne, so wie es ja auch von

den Druiden und Ägyptern überliefert ist. Auch er schaut den Thron in der Sonne und auf ihm ein mächtiges Flügelwesen, das sich langsam erhebt, mit seinem Wesen zunächst den Kosmos erfüllend, aber indem es nun von der Sonne langsam sich zur Erde hin bewegt, kleiner und kleiner werdend, bis nur noch die weiße Taube bleibt. »Der mich sandte, der sprach zu mir: Über welchen du sehen wirst den Geist herabfahren und auf ihm bleiben, derselbe ist's, der mit dem heiligen Geist tauft. Und ich sah es und zeugte, daß dieser Gottes Sohn ist« (Joh. 1,33).

Man muß sich das Bild innerlich vor Augen malen, wie sich das aufeinander zubewegt: Jesus von Nazareth, das eigene Selbst völlig umgeschmolzen zum Opferwillen, der Christopherus, der Christusträger zu werden – und Johannes, diesen seinen Kindheitsgespielen taufend, »und ich sah, daß der Geist herabfuhr wie eine Taube vom Himmel und auf ihm blieb«. Die Synoptiker fügen noch hinzu, daß eine Stimme hörbar wurde »dies ist mein lieber Sohn, heute habe ich ihn gezeugt«.

Bis in das hohe Mittelalter hinein wurden die Künstler nicht müde, die Einmaligkeit dieses Geschehens darzustellen: wie die Himmel aufreißen über der tiefsten Erdenschrunde, die Engel das herniedersteigende Gotteswesen begleiten, ja auch der Flußgott des Jordan ist dabei, der die Wasser sich hoch aufwölben läßt.

»In Jesus trat der Christus als Mensch in die Erdenwelt.«

Am eindrucksvollsten zeigt es ein Bild aus dem Vyšehrad-Evangeliar (um 1085) aus der Staatsbibliothek in Prag. Unten steht Jesus aufrecht in dem grünlich schimmernden Wasserstrom, der sich vom Goldgrund abhebt. Zur Rechten halten zwei Engel seine Kleider, zur Linken Johannes der Täufer, rot gewandet im blauen Mantel mit blauem Nimbus. Die ganze obere Hälfte des Bildes ist erfüllt von den Himmelssphären, die sich in mächtigen bestirnten Bögen, blau, rot und grün, herniedersenken, einmündend in ein Haupt mit dem Kreuznimbus, das schräg herniederblickt. Unter ihm stellt eine Taube die Verbindung zu Jesus her. Sie ist es, die die Kreuzesaura des Christus gleich einer Hostie im Schnabel hält, die nun von der Hand des Täufers behutsam auf Jesu Haupt gesetzt wird. – Dies ist ein Einweihungsgeschehen ersten Ranges, bei dem Himmel und Erde mitwirken. Der Gottesmensch erstrahlt im Erdenmenschen.

Noch prägnanter spiegelt sich dieser Himmel und Erde umspannende Vorgang in dem Sakramentar des Klosters Saint-Bertin wider aus dem Jahre 1080. Die Himmelssphären kreisen dort um eine Mitte: das Lamm mit der Kreuzesaura. Aus den sich herniedersenkenden Himmelsbögen taucht ein der Erde zugewandtes Haupt mit dem Kreuznimbus hervor, das sich schon fast mit dem Nimbus um das Haupt des Jesus berührt, dessen Haltung ganz nach oben geöffnet ist. »Die Wahrheit geht von der Erde auf«, »und die Gerechtigkeit blickt vom Himmel herab.«

Diese Bilder lassen erst die wahre Dimension des göttlich-menschlichen Geschehens durchscheinen, an dem die Reiche der Himmel noch mehr beteiligt sind als die der Menschen.

Aber was war die Folge? Wurde dieser Mensch, der wie kein anderer die Gottverlassenheit, das Elend der Menschheit erkannt hatte, nun entrückt, der Drangsal enthoben, wie es ja zuvor oft und oft geschehen war? Des andern Tages sieht Johannes Jesus wandeln und spricht: »Siehe, das ist Gottes Lamm, welches der Welt Sünde trägt.«

Hier wird es nun völlig einleuchtend, daß man die Worte der Bibel nicht ausdeuten kann, daß es der meditativen Imaginationskraft des einzelnen überlassen bleiben muß, wie weit er sich die Tragweite dieses Geschehens innerlich aneignen kann. Christian Morgenstern hat es so erfahren:

»Gott nimmt ihr Gebrest auf sich:
Daß fortan die Menschheit wisse:
Träger ihrer Finsternisse
ist nicht nur ihr kleines Ich.«

Die sonnenhafte Durchdringung mit dem Christus-Ich verstärkt die Liebe-Kraft in Jesus, die jetzt vor keiner Dunkelheit mehr zurückbeben muß.

Christus – der Lehrende

Was ist das eigentlich Neue, das Besondere
stentums? Was gibt ihm den unerhörten Ans
höchste aller Religionen zu sein? Diejenigen
im Recht, die darauf hinweisen, daß die Weis
Ostens auch durch die Weistümer Christi n
höht werden. Wäre das Christentum nur ei
der Moral, und sei es auch die höchste, gälte e
als Glied in der Kette anderer großer Relig
der Welt. Das Einmalige des Christentum
jedoch nicht in der Lehre, sondern in der
Lebenstodestat auf Golgatha« (wie es Rud
genannt hat). Der Mensch gewordene Gott
Gewalt des Todes.

Dem Wort hat Christus eine andere Vollma
hen. Rudolf Steiner hat dies wiederholt im V
Buddha dargestellt. Buddha war der große
Mitleids und der Liebe; Christus aber bracht
des Vollbringens, indem er durch sich selb
stanz der Liebe der Menschheit einverseelte
Vielleicht wird dieses urchristliche Mysteriu
Johannes-Evangelium am deutlichsten. B
anderen Evangelien, vor allem Matthäus u
die Lehren des Meisters in einem mächtigen
Gleichnissen, so fehlen diese bei Johannes n
gerweise ganz. Statt dessen kulminieren die

Herrn in den sieben Ich-Bin-Worten, worauf Friedrich Rittelmeyer zum Beispiel in seinen Briefen über das Johannes-Evangelium wohl erstmals hingewiesen hat. Fängt man nun an, sich mit den Worten zu beschäftigen, aus denen das göttliche Ich wie aus einem Kristall siebenfach hervorstrahlt, so werden sie einem langsam zu Fenstern, durch die man in die Bilderwelt der Gleichnisse hineinschaut; aber es ist das Christus-Ich, das einen schauen läßt und zugleich mit der Kraft des Vollbringens oder der Nachfolge durchdringt.

Ich Bin das Brot des Lebens

Wovon lebt der Mensch? Für jede Generation, jedes Volk, jede Epoche ist die Lösung dieser Frage eine Frage der Existenz. Das hat nichts mit den äußeren Lebensverhältnissen zu tun. Der Sinn des Lebens – und darum geht es doch – ist nahezu unabhängig von den Gegebenheiten des Daseins.
Im Märchen, das Urbilder des Menschlichen aufweist, wird der Sohn in die Welt geschickt, daß er seinen Charakter stähle in den mannigfaltigen Erprobungen. Die Mutter hat ihm ein Brot gebacken. Davon darf er in den Stunden der Not essen. Auf wunderbare Weise erneuert es sich ständig, bis er sein Ziel, seine Aufgabe gefunden hat.
Das Lebensbrot, was hat es damit auf sich? Wir kennen die Antwort des Christus an den Widersacher, als dieser ihn zu Beginn seiner Wirksamkeit in der Wüste ver-

Herabkunft Gottes
Sakramentar des Klosters Saint-Bertin um 1080

führen wollte, mit Hilfe der göttlichen Lebenskraft aus Steinen Brot zu machen. »Der Mensch lebt nicht vom Brot allein, sondern von einem jeden Wort, das aus dem Munde Gottes kommt« (Matth. 4,4).

Das Wort als Brot! Wer kennt das nicht, wie man allein schon vom Wort eines geliebten Menschen lebt! Wie die Seele sich davon ernährt, nicht müde wird, es sich pausenlos zu wiederholen. Der Begriff, tausendfach in der Welt verstreut, ist dabei nur wie das Schiff, das von der lebendigen Fracht dieses einen Wesens seinen einmaligen Wert erhält. Novalis besaß die Kühnheit es auszusprechen: »Der Freund ist zum Essen da!«

Und doch ist diese kostbare Lebenserfahrung in einer persönlichen Biographie nur der Abglanz eines höheren allmenschlichen Erlebens. Entstammt unsere Seele doch dem Logos, dem göttlichen Wort. Was Wunder, daß sie darbt und verkümmert, wenn sie diesen Samen nicht in sich belebt und pflegt!

Die Gewalt des Christuswortes, daß sein Ich Brot ist, wird zu einer weiten Landschaft aufgelichtet, wenn man auf diesem Hintergrund sich das Gleichnis vom Säemann durch die Seele ziehen läßt.

Zum Volk sprach Jesus in Bildern. Man sieht den Säemann vor sich, wie er mit besonnenem Schwung und ruhigem Schritt den Samen in die Ackerfurche wirft. Ist der Boden steinig, so kann er nicht Wurzeln treiben. Fällt er zu weit auf den Weg, so picken ihn die Vögel auf. Auch dürfen Unkraut und Dornen das aufkei-

mende Pflänzlein nicht überwuchern. Die gute Erde ist es, die hundertfältige Frucht bringt.
Die Jünger empfangen den Sinn des Gleichnisses: Der Same ist das Wort Gottes. Die gute Erde ist das feine, gute Herz, welches das Wort hört und bewahrt und schließlich Frucht bringt in Geduld.
Gibt es eine bessere Verdeutlichung für diesen geheimnisvollen Vorgang als das, was wir im Umgang mit dem göttlichen Wort, dem Gebet erlernen können? Nicht etwa der Kopf ist das Organ dafür, sondern das Herz, das zum Ohr wird. Man muß in das Gebetswort hineinlauschen, bis der Strom des Lebens daraus zu quellen beginnt, wie aus dem Wort des Freundes. Die Bewahrung, die Wiederholung vertieft den Strom. Nicht umsonst ist hier von der Geduld die Rede.
Alle Wachstumsvorgänge brauchen Zeit und wollen ihre Lebensrhythmen. Wenn wir dies anerkennen, wird das Gebet zu einem Born der Kraft, ohne den der Mensch nicht mehr leben kann. Das geheime Lebensbrot. »Der Freund ist zum Essen da.« Der Gottesfreund, der Logos, das Ich des Christus ernährt unsere Seele.

Ich Bin das Licht der Welt

In jedem dieser sieben Ich-Bin-Worte spiegelt sich eine neue Schöpfung wider. In diesem zweiten tritt es am deutlichsten hervor. War es nicht das erste Wort überhaupt, was aus dem väterlichen Urgrund der Welt heraus ertönte, als alles noch finster, wüst und leer war – Tohuwabohu. »Und Gott sprach: es werde Licht. Und es ward Licht« (1. Mos. 1,3). So hob die Erdenschöpfung an, wenn wir dem Bericht des Alten Testamentes folgen, mit der Scheidung von Licht und Finsternis, den Wechsel von Tag und Nacht erzeugend. »Und die Gottheit schaute des Lichtes Herrlichkeit« (1. Mos. 1,4).

Wir wissen auch aus dem Prolog des Johannes-Evangeliums, daß in dem Logos Licht und Leben beschlossen sind; dort werden sie jedoch in ein anderes Verhältnis zueinander gebracht. Hieß es in der Genesis noch, daß das schöpferische Weltenwort die Herrlichkeit des der Finsternis abgerungenen Lichtes schaute, so wohnen wir im Prolog des Johannes-Evangeliums ganz offensichtlich noch einer anderen Schöpfung bei, die bis heute nicht abgeschlossen ist. »Das Licht schien in die Finsternis, aber die Finsternis hat es nicht begriffen« (1,5). Lauschen wir nun in das Christuswort hinein »Ich Bin das Licht der Welt«, so können wir uns von dem Mysterium dieses Lichtes berührt fühlen, aus dem ein neues »Es werde« heraustönt.

Man kann einmal darüber nachsinnen, wann man in seinem Leben am stärksten Licht erlebt hat. Das mag für einen Kranken nach langer schmerzdurchquälter Nacht das erste Heraufdämmern der Morgenfrühe gewesen sein. Die Sorgen und Schmerzen bleiben und dennoch – die Helligkeit läßt alles leichter ertragen. – Durfte man jemals bei einer Wanderung oder auf dem

Meer den Aufgang der Sonne miterleben, das farbige Erglühen des Horizontes, dann der erste goldene Strahl aus dem sich aufschlagenden Sonnenauge – bis wir uns abwenden müssen. »...Ein Flammenübermaß, wir stehn betroffen...« (Goethe, Faust, 2. Teil, 1. Akt). Die silbernen Glanzkaskaden des strömenden Lichtes in Griechenland führen schon ganz nah heran an die Wesenhaftigkeit des Lichtes.

Aber es gibt auch noch eine andere Qualität des Lichtes, die uns erfahrbar wird, wenn sich uns durch ein plötzliches Leid die Sonne wie verdunkelt; oder es kann auch das Umgekehrte eintreten, daß uns die Freude erhellt. Ebenso sagt man nicht umsonst bei einer gedanklichen Arbeit: Da ging mir ein Licht auf. Und endlich – es gibt auch einen geistigen Sonnenaufgang. Rudolf Steiner wurde einmal gefragt angesichts der Lichtlosigkeit in den Hinterhöfen bestimmter Berliner Wohnviertel, wie Kinder hier gedeihen könnten. Die lakonische Antwort lautete, es müßten die Mütter durch ihre Liebekraft die äußere Sonne ersetzen. »Licht ist Liebe...« (Christian Morgenstern).

Das alles mag den Hintergrund malen, wenn wir uns nun in das Wort versenken: »Ich Bin das Licht der Welt.« Einmal haben Petrus, Jakobus und sein Bruder Johannes dieses Ich schauen dürfen, daß er, der da als Mensch mit ihnen ging, in Wahrheit *Licht* ist. Das ereignete sich nicht irgendwo, sondern auf dem Berge und abseits von Menschen. »Da ward er verklärt vor ihnen; und sein Angesicht leuchtete wie die Sonne, und seine Kleider wurden weiß wie ein Licht« (Matth. 17). Markus sagt, daß die Kleider weiß wie Schnee wurden; glänzend, fügt Lukas noch hinzu und daß es geschah, indem er betete. Dieses plötzliche Gewahrwerden der Lichtleiblichkeit übersteigt so sehr alle gewohnten Erfahrungen, daß nicht nur ihre Worte, sondern gewissermaßen das ganze Wesen der Jünger ins Stammeln gerät, zumal dieses Licht noch die Gestalten von Moses und Elias offenbar werden läßt. Und überdies wird nicht bloß ihr Schauen erweitert: Die Urväter, vor deren Anwesenheit miteins der Schleier weggezogen wird, und sei es auch nur für einen Moment, sind im Gespräch mit Christus. Um aber die Stimme des Vatergottes vernehmen zu können, der diese Erscheinung, ähnlich wie bei der Taufe, bekräftigt, muß das Strahlen des Lichtes erst wie durch eine Wolke gedämpft werden.

Die Verklärung auf dem Berge ist ein Vorgriff auf die Zukunft. Deshalb müssen die Jünger auch ihre Schau beschweigen, »bis des Menschen Sohn von den Toten auferstanden ist« (Matth. 17,9). Einmal soll die geistige Lichtnatur des Menschen sich wieder offenbaren können. Von dieser himmlischen Klarheit des überirdischen Auferstehungsleibes eines jeden Menschen hat Paulus gewußt (1. Korinther 15). Hatte er sie doch als ein Erstling vor Damaskus erfahren. – In den frühchristlichen Zeiten, als Geist und Materie noch nicht so ineinander verdichtet waren, war es noch manchen Menschen möglich, den physischen Körper von diesem Licht umleuchtet zu sehen. Wie hätten die Künstler sonst die Aura, den Heiligenschein malen können!

Heute steigt eine mächtige Sehnsucht in vielen Menschen auf, sich der alles verdeckenden Umklammerung der Materie wieder zu entreißen. Wie aus Urtiefen, mit keiner Logik beweisbar, bricht das Wissen hervor: Es muß noch ein anderes Licht geben, das viel wirklicher erlebt wird als das immer fahler werdende Tageslicht. Aber man täusche sich nicht: Diese Erfahrung läßt sich durch keine Droge oder ähnliche Manipulationen herbeizwingen. Nicht von ungefähr heißt es: Mein *Ich* ist das Licht der Welt. Was im physischen Bereich gilt – das Auge ist am Licht für das Licht gebildet –, bewahrheitet sich auch bei der Schöpfung des höheren Menschen. Einzig das Ich des Christus in seiner Selbstlosigkeit erbildet das Auge für das Wahrnehmen des göttlichen Lichtes. Davon kann erst gesprochen werden, seitdem das Christus-Ich als Sonne im Reich des Menschen aufging. Christus will keine Entrückung von der Erde, sondern ihre Verklärung.

Ich Bin die Tür

Das Ich – eine Tür! Sinnt man diesem Worte nach, so will das Staunen kein Ende nehmen. Das Ich ist der Inbegriff der eigenständigen Persönlichkeit, von der Goethe meinte, daß es das höchste Glück der Erdenkinder bedeute, dieses Vermögen erlangt zu haben, sich in sich selbst zu gründen. Das unantastbare Heiligtum des Innersten, das niemand aufschließen kann, wenn ihm die Persönlichkeit nicht den Schlüssel dazu selber übergeben hat. Es zeigt sich jedoch, daß das Ich des Christus gerade nicht in sich abgeschlossen ist, sondern sich vielmehr öffnet. – Die Gedanken müssen beweglich werden, wollen sie sich an dieses Geheimnis herantasten. Suchen wir den Christus in uns, so werden wir gewahr, wie dies Suchen unseren Blick von innen nach außen lenkt. Die Strahlkraft Seines Ich erleuchtet die Umwelt, wölbt immerfort Tore zum Wahrnehmen des anderen. Der ganze Bereich des Zwischen-Menschlichen tut sich auf, heute so gefährdet im Persönlichen wie im Menschheitlichen. Sollte er deshalb so umkämpft sein, weil er das Offenbarungsfeld des Wiederkommenden ist? Rudolf Steiner hat bereits zu Beginn dieses Jahrhunderts darauf aufmerksam gemacht, daß die Fähigkeit, sich in einen anderen Menschen hineinzuversetzen, immer mehr hinschwinden wird. Menschen, Völker, Rassen werden auf das unerhörteste herausgefordert werden, damit das Bollwerk des Egoismus, das überall Mauern baut, zerbrochen wird und Tore herausgeschlagen werden, durch die man den Mitmenschen wieder sieht – und in ihm den Christus.

Das Gleichnis vom barmherzigen Samariter ist wahrhaftig alles andere als eine erbauliche Predigt. Wenn man es durch das Auge dieses Ich-Bin-Wortes anschaut, wird in unerbittlicher Strenge seine Forderung offenbar, die es an das Ich des Christus suchenden Menschen stellt.

Wer ist dieser Nächste, dem ich Liebe erweisen soll? Lukas schildert es mit knapper Sachlichkeit. Ein Fremder. Irgendein Mensch, der mich persönlich nichts angeht, dem das Leben jedoch übel mitgespielt hat. Er gerät in mein Blickfeld. Und nun kommt es darauf an: Werde ich ihn bemerken, oder werde ich weitergehen, wegsehen, mich nicht einmischen, mich heraushalten? Es ist ja ein Fremder, er geht mich nichts an. Wie sagt man doch: Jeder ist sich selbst der Nächste – und behauptet damit die schnödeste Unwahrheit, denn jeder ist seinem Wesen nach auf die anderen Menschen hin geschaffen. Für sich selbst ist jeder hilflos und allein. Suche ich aber wirklich das Göttliche – und das war ja der Ausgangspunkt dieses Gleichnisses –, so öffnet sich die Tür, durch die ich den andern *sehe*, und zwar so, daß seine Not mich angeht. Unabweislich.

Wir sind alle aufeinander angewiesen, im großen wie im kleinen. Und je stärker die wahre Ichkraft wächst, desto größer muß die Tür werden, die sich zum Fremden öffnet. Allerdings ist die Einwilligung des Gegenüber zum Eintreten notwendig. Jede Umgehung der Freiheit, der bewußten Zustimmung des Mitmenschen ist verderblich. Ich muß auch bei ihm die Tür respektieren. Die Manipulation, Beeinflussung des Unbewußten, auch wenn sie noch so gut gemeint ist, schwächt den Menschen in seinem Ich-Kern. Dann würde sich der zum Helfen Gewillte als ein Dieb erweisen. »Wer nicht durch die Tür eingeht, ist ein Dieb oder ein Mörder« (Joh. 10).

Ich Bin der gute Hirte

Christus – der Hirt. Schiebt man alle Sentimentalitäten beiseite, die dieses Urbild verfälscht haben, so ersteht wieder das hohe, ernste Bild dessen, der die Seinen kennt (Joh. 10), sie einzeln mit Namen beruft und ihnen vorangeht in der unverbrüchlichen Treue, die die Hingabe des Lebens einschließt. Die umfassende Größe dieses hirtenhaften Ich des Christus kann einem zum Erlebnis werden, wenn man es sich zum Auge werden läßt für das Lebenspanorama des Menschen, wie es Lukas im Gleichnis vom verlorenen Sohn schildert (Lukas 15).

Der in die Welt wandernde Mensch, reich ausgestattet mit dem Teil der Güter, die ihm gehören als Glied der geistigen Welt. Die Sehnsucht zieht ihn in ein fremdes Land. Der Vater läßt ihn ziehen, gibt ihm alles, obgleich er weiß, daß er alles vergeudet. – In welchen Tiefen ist dieses Vertrauen eigentlich gegründet? –

Der Mensch im Abgrund seiner Verlorenheit, in die gefährliche Nähe der Tierheit gefallen – aus der dunklen Leere des Nichts erwacht plötzlich das Bewußtsein, ein Sohn zu sein. Von wem? »Er ging in sich.« Was für ein Wort! »Im Innern ist ein Universum auch« (Goethe). Erinnerung steigt auf an eine Heimat, an *die* Heimat. Und aus der Erinnerung wächst der Entschluß zur

Umkehr. Da kommt ihm der Vater schon entgegen, erhebt und beschenkt ihn. – Hat er, der Hirte, ihn nie aus seinen Augen verloren? Auch auf den verworrensten Pfaden nicht? Führte er ihn, indem er ihn gehen ließ? Die Kraft zum Aufbruch aus dem Nichts, wird sie ihm aus dem lautlos für ihn hinströmenden göttlichen Leben geboren? Die Kraft des Christus-Ich, die auch im Schwachen mächtig wirkt, ist der höchste Führer.

Ich Bin die Auferstehung und das Leben

Wahrhaftig ein Mysterienwort! Jetzt wird immer deutlicher, daß die Reden Christi keine Lehren übermitteln, nicht bloße moralische Anweisungen sind. Diese Worte erzeugen Kräfte, hinter ihnen steht der Hierophant, der einen neuen Menschen in uns erwecken will. Lassen wir uns von der Sonne dieses Ich erleuchten, so setzen wir uns der stärksten Wandlungsmacht aus, die es gibt.

Als Christus dieses Wort zu Martha, der Schwester des Lazarus, sagt, ist er auf dem Wege, die Tat zu vollbringen, die in aller Öffentlichkeit zeigt, daß der Vatergott die Schlüssel zum Reich des Todes in seine Hände gelegt hat. Der würde jedoch fehlgehen, der denkt, mit dem Reich des Todes sei der Hades gemeint. Der letzte Sieg über den Tod muß noch auf Golgatha errungen werden. – Aber das Reich der Schatten ist tagtäglich unter uns und zehrt mit unheimlich abgründiger Gewalt an unseren Seelen. »Du hast den Namen, daß du lebst, bist aber tot« (Apk. 3). Wir müssen uns jeden Tag neu erheben zur Würde unseres Ich, das erst in seiner Vollmacht erscheint auf dem Hintergrund der überirdischen Bereiche, unseres Urständens im Geiste.

Davon spreche »der schlichte Mann aus Nazareth« nicht? Die Evangelien wüßten nichts über das Leben nach dem Tode? Man lese nach im 16. Kapitel des Lukas-Evangeliums, wo der Christus nicht etwa nur im Gleichnis, sondern unmittelbar eine exakte Beschreibung des Sterbens zweier Menschen gibt: des reichen Mannes und des armen Lazarus. Jeder dieser beiden hat seinen eigenen Tod, den er sich selbst durch die Art seines Lebens zubereitet hat. Es wird nirgends gesagt, daß der reiche Mann ein schlechter Mensch war, nur eben wohl so sehr mit sich selbst beschäftigt, daß er den anderen vor seiner Tür nicht bemerkte. Die Augen dafür gehen ihm erst in der Qual der feurigen Waberlohe nach dem Tode auf. – Das sogenannte Fegefeuer ist keineswegs die Erfindung einer Kirche. Kennen wir das nicht alle, daß es uns bei der Erinnerung an einen Tag, an ein Erlebnis »siedig heiß« wird, uns die Scham durchglüht, indem uns aufgeht, was wir versäumt oder verfehlt haben? Sollte das bei der Rückschau auf unser ganzes Leben anders sein? Daß es eine solche gibt, sollte inzwischen kein Geheimnis mehr sein, legen doch die ungezählten Berichte derer, die einmal an der Schwelle des Todes gestanden haben, ein beredtes Zeugnis davon ab.

In diesem Stadium der nachtodlichen Existenz gewahrt also die Seele des reichen Mannes den anderen: Lazarus. Es geht hier nicht um eine Auslegung dieses Berichtes. Sonst wäre wohl zu fragen, wieso bloß der Letztere sich einen eigenen Namen erwarb in der Bitternis seines Erdenweges und der erste eben nur ein reicher Mann ist. Von ferne sieht er den Lazarus in einer anderen Zone der himmlischen Reiche, dort, wo die Väter seines Glaubens diesen schützend aufgenommen haben. Hat er die Feuerzone des »Kamaloka«, die Läuterungszeit schon auf Erden durchgemacht, so daß er nach dem Tode sogleich der Engel gewahr wurde? Wie selbstverständlich das alles von Christus ausgesprochen wird. Die sparsamen Umrisse lassen ein mächtiges, wesenhaft in sich gegliedertes Reich der Himmel erahnen.

Ob die Verstorbenen noch weiter teilnehmen am Leben der Zurückgebliebenen? Wer sich auf die Evangelien einläßt, kann schon betroffen werden von der Bitte des Reichen an Abraham, aus der die Sorge um seine fünf Brüder spricht, die in der gleichen Gedankenlosigkeit dahinleben wie einstens auch er: Sende doch Lazarus zu ihnen, daß er ihnen die Augen öffne über die Folgen unseres Lebens im Nachtodlichen. – Im Grunde genommen ist jedoch die Menschheit ausgerüstet worden durch ihre religiösen Führer mit dem Wissen, das sie braucht: »Sie haben Moses und die Propheten.« Aber das allein hilft nicht. Jemand, Einer müßte von den Toten auferstehen, den Reichtum des

Jenseits in das Hiesige hereintragen. Mit dieser notgeborenen Bitte eines Verstorbenen aus der heißen Angst um die Lebenden endet der Bericht des Lukas.
Das alles mag im Hintergrunde auftauchen, wenn wir in das Mysterienwort »Ich bin die Auferstehung und das Leben« hineinlauschen. Nicht nur – aber was heißt hier »nur«! – daß in Christus dieser Eine gekommen ist, der das Reich der Schatten mit seinem Sonnenlicht erhellt hat, der wiedergekommen ist aus der übersinnlichen Welt. »Er lebt und wird nun bei uns sein, wenn alles uns verläßt«, jubelt diese Erfahrung aus der Seele des Novalis. Der unsere bangen, unsicheren Seelen an der Schwelle des Todes mit Gewißheit durchdringt – es ist der Christus.
Mein Ich ist die Auferstehung, das meint noch mehr. Versuchen wir, uns seinem Wesen zu nähern, so berühren wir uns mit einer Kraft, die uns täglich neu befähigt, der tödlichen Welt der Schemenhaftigkeit Leben zu entringen, uns zu erheben, wenn wir gefallen sind, freie Taten des selbstlosen Ich zu wagen auch auf einsamstem Posten.

»Du bist in jedem Augenblicke neu;
drum sei dem Alten nicht zu knechtisch treu.
Und war dein Herz bis heut wie Kohle schwarz –
du hast die Macht: und es wird weiß wie Quarz.«

Christian Morgenstern

Durchflammt von der Sicherheit, daß jemand da ist, der uns bejaht und annimmt, wie es auch mit uns beschaffen sein mag, wächst der Mut, uns immer wieder vom lähmenden Druck der Gegenmächte zu befreien, unser Ich dem Sog des Untermenschlichen zu entreißen.

Ich Bin der Weg, die Wahrheit und das Leben

Buddha hatte einst den achtgliedrigen Pfad gelehrt und damit die Stufen skizziert, die zur Vollkommenheit und zur Loslösung vom Irdischen führen. Nun ist jemand da, der nicht etwa einen Pfad beschreibt, sondern der die unerhörte Kühnheit hat zu sagen: Ich bin es selbst – mein Ich ist der Weg.

Ur-Geheimnisse des menschlichen Daseins werden damit berührt. Der Weg ist die Rune für unsere irdische Lebensform schlechthin. Ob das kleine Kind in ahnungsloser Unschuld die ersten Schritte wagt, es beginnt damit seinen Erdenweg; oder ob dem Greis am Ende seiner Tage im Rückblick sich das Schicksal wirklich als mehr oder weniger geglückte Laufbahn erweist – immer ist es das Bild des Weges, das die Spur des Lebens bezeichnet. Aber woher kommt er, und wohin führt er?

Petrus hatte am vorletzten Passah in Galiläa die Frage gestellt: »Herr, wohin sollen wir gehen? Du hast Worte des ewigen Lebens, und wir haben geglaubt und erkannt, daß du bist Christus, der Sohn des lebendigen Gottes« (Joh. 6). Daß dieses Bekenntnis mit dem Hinweis auf den Satan beantwortet wird, der einen von ihnen zum Verrat treiben wird, konnte in dem Augenblick nicht begriffen werden. Auch daß der Weg nun nach Jerusalem hinabführte, das heißt in die Hände der Feinde, ja dem Tode entgegen, wer sollte das verstehen?

Als der letzte Abend gekommen ist, nach dem Vollzug der Fußwaschung und des heiligen Mahles, und nun der mächtige Strom der Abschiedsreden zu fließen beginnt, den nur einer aufzufangen vermochte, der sein Ohr zum Herzen Jesu Christi neigte, als alles zu Ende zu sein schien – da spricht der Herr, angesichts des Todes, vom Weitergehen: »Ich gehe hin, euch die Stätte zu bereiten.« »Ich gehe zum Vater ...« »und den Weg dorthin wißt ihr auch« (Joh. 14). So als ob jetzt, da alle Hoffnung zunichte gemacht war, nun erst der Weg beginne! Die ganze unrettbare Ausweglosigkeit, und nicht nur die der Jünger, drückt sich in der Antwort des Philippus aus: Wir wissen den Weg nicht. – Kann es überhaupt noch einen Weg geben? Statt dessen ertönt ein Wort, wie aus dem Brunnen des Lebens selber geschöpft und erschließt einen Quell der Kraft, der im geduldigen Gehen, Schritt um Schritt dem Menschen Grund unter die Füße schafft, grade dort, wo es bodenlos zu sein scheint: Mein Ich ist der Weg, und wenn es die Feuerprobe des Todes bestanden hat, wird es in Ewigkeit bei euch sein und mit euch gehen. –

Das können sie jetzt noch nicht begreifen. Das ist für später. Aber es wird nicht mehr lange dauern, und zwei

von ihnen werden die Erstlinge dieser Erfahrung werden.
Wir kennen sie, die Stunde des Sonnenuntergangs am Ostersonntag, als zwei der Jünger nach Emmaus wandern. Wir wissen um die Trostlosigkeit ihrer Gespräche. Aber es ist nicht nur menschliche Trauer und Ratlosigkeit, die ganze Hoffnung ihres Lebens ist ihnen zerbrochen und macht alles weitere sinnlos. »Wir aber hatten gehofft, er solle Israel erlösen« (Luk. 24). Sie hatten auf den Retter ihres Volkes gewartet, nicht ahnend, daß die Rettung der Menschheit gemeint war. Und dann ist da jemand zwischen ihnen, eine wesenhafte Nähe, ohne daß sie ihnen erkennbar wird. Merkwürdig, sie fühlen sich befragt, müssen bis in alle Einzelheiten die traurige Stimmung ins Bewußtsein erheben. Dann erst beginnt die Erleuchtung, hebt Schleier um Schleier vom inneren Auge. Einsicht blüht auf. Eine völlig neue Schicht wird sichtbar in den Worten der Propheten, über die der Blick, immer schon auf das leuchtende Endziel zueilend, hinweggehuscht war. Wäre es denn möglich, daß der Gottessohn das Leiden, die Ohnmacht *gewollt* habe? Daß der Offenbarungsglanz aus der Schwärze des Todesabgrundes strahlte? Daß das so ersehnte neue Reich von ihren erdgebundenen eilfertigen Gedanken als irdisches Königtum erstrebt wurde, während es in Wahrheit völlig neue Dimensionen des Menschseins erschließen will: »Ich habe euch zu Königen und Priestern gemacht« (Apk. 1).

Seltsamer Weg, im Grunde nicht meßbar in Raum und Zeit, auf dem sich die Einsicht in die Einwilligung vertieft. – Aber das hatten sie ja nicht selbst vollbracht. Da war jemand mit ihnen gegangen, dessen Anwesenheit ihnen erst bewußt wurde, als sie aus ihrer Mitte zu schwinden drohte. »Er aber stellte sich, als wolle er weitergehen« (Luk. 24). Die erste Hilfe ist lautere Gnade – immer. Dann jedoch bedarf es unseres Mittuns. »Da baten sie ihn: Herr bleibe bei uns ...« – Im Nachklang zeigt sich ihnen auch das Organ, durch das solche Erkenntnisse bewirkt werden. Das ist nicht nur der Verstand. »Brannte nicht unser Herz ...« Die Wärme des Herzens erzeugt den Windhauch des Heiligen Geistes. »Die Herzen müssen Gedanken haben« (Rudolf Steiner).

Bedarf das Weltendunkel solcher Opferfeuer? Wer sagt denn, daß der Lebensweg geglückt war, wenn er erfolgreich war? Jeder Lebensweg ist sinnvoll – selbst wenn er, wie bei den Jüngern, zum Martyrium führt. »Ein Feuer bin ich gekommen, über die Erde zu werfen. Was wollte ich lieber, denn es brennete schon« (Luk. 12). Und vor allem, der Weg hört ja nicht auf, wenn seine Spur im Sichtbaren erlischt. »Ich gehe hin, um euch die Stätte zu bereiten.« Der Weggefährte führt unsere Seele weiter durch die Sternenräume. Dann können wir wirklich »ruhig diesen Ort verlassen« (Joh. 14).

Ich Bin der Weinstock, ihr seid die Reben

Im Johannes-Evangelium suchen wir vergeblich nach der Beschreibung des mystischen Vorganges, wie Brot und Wein zu Trägern der Seelen- und Lebenskräfte des Christus werden: die Einsetzung des Sakramentes als Besiegelung der innersten Vereinigung des Menschen mit Gott. Mögen Menschen, ja Zeitalter dieses Geschehen vergessen; es gibt ein Gedächtnis der Erde, und solange sie besteht, wird sie auch die Einswerdung des Christus mit den irdischen Substanzen als ihr Heiligstes bewahren.

Auf seine, nur ihm eigentümliche Weise spricht Johannes gleichwohl vom Geheimnis der Kommunion. Mein Ich ist das Brot – mit diesem Wort begann er ein Jahr vor Golgatha sein Wesen auszuteilen. Mein Ich ist der Weinstock – damit wird jetzt am Gründonnerstagabend die siebenfache Kette der Ich-Bin-Worte abgeschlossen. Aber welcher Ernst ist diesem Worte eingeprägt! Der nie versiegende Strom der Segnung und Heilkraft möge uns nicht über die unerbittliche Strenge hinwegtäuschen, die mit dem Geschehen des Abendmahles verbunden ist. Diese innere Strenge hat gar nichts zu tun mit dem moralisierenden »unwürdig-Essen-und-Trinken«, das durch eine fälschliche Übersetzung des Paulus-Wortes von Luther da zu unrecht hereingekommen ist. Man lese aber einmal den Zusammenhang dieses siebenten Ich-Bin-Wortes im 15. Kapitel des Johannes-Evangeliums nach, und man wird

empfinden, daß es die ganze Existenz des Menschen betrifft, gewissermaßen eine Sache auf Leben und Tod ist: »Ohne mich könnt ihr nichts tun.«
Wir fühlen uns doch völlig eigenständig, mehr oder weniger selbstbewußt in unserer Persönlichkeit. Jetzt aber hören wir: »Ich bin der Weinstock, ihr seid die Reben. Wer in mir bleibt und Ich in ihm, der bringt viel Frucht. Denn ohne mich könnt ihr nichts tun. Wer nicht in mir bleibt, der wird weggeworfen wie eine Rebe und verdorrt, man sammelt sie und wirft sie ins Feuer und müssen brennen.«
Unmittelbar darauf folgen die Worte, die das absolut neue Freiheitsverhältnis des Menschen zu Gott ausdrücken: Ihr seid nicht mehr Knechte Gottes – ihr seid meine Freunde. Wir dürfen als solche Anteil haben an den höchsten Weltenzielen, ja ihre Verwirklichung ist uns anvertraut!
Ein Hauch des kosmischen Ernstes, der über den letzten Kapiteln der Apokalypse liegt, weht auch hier herein. Denn was ist das für ein Blutkreislauf, der die Reben am Weinstock einzig am Leben erhält? Die nächsten Verse sprechen es aus: Das Bleiben am Weinstock ist gleich dem Bleiben in seiner Liebe. – Man müßte ein eigenes Kapitel über dieses geheimnisträchtige Wort »menein« = bleiben schreiben. Denn das Innewohnen des Menschen in Christus wird noch dadurch überhöht, daß es hineingenommen wird in die Wesenseinigkeit von Vater und Sohn. »Wenn ihr meine Ziele bewahrt, so bleibet ihr in meiner Liebe, so wie ich

meines Vaters Ziele bewahre und bleibe in seiner Liebe« (Joh. 15). Aber eben – wer sich aus diesem Liebestrom herauslöst, der wird weggeworfen, fällt dem Feuer anheim. Die göttliche Liebe als göttlicher Zorn. Das ist der Hintergrund für dies Kommunionswort.
Haben die anderen Evangelien diesen apokalyptischen Klang nicht? Doch, aber was bei Johannes aus der Welt der Inspiration hereinklingt wie mit eherner Gewalt, das erscheint, namentlich bei Matthäus, in Bildern. Seltsam, daß es oftmals das Urbild der Hochzeit ist, der höchsten menschlichen Communio, das der Christus als Gleichnis wählt, um den unabweislichen Ernst, der in diesen Sphären herrscht, zu verdeutlichen.
Nur eines wollen wir hier herausgreifen: das Gleichnis von den zehn Jungfrauen, die auf den Bräutigam warten. Auf die Lampen kommt es an, daß jede ein Licht hat, wenn der Bräutigam kommt. Dieses Licht kann jeder nur selbst anzünden, denn es hängt mit dem höheren Ich zusammen, das ein Lichtwesen ist. Das Öl für diese Lampe, die Nahrung für dieses Licht, kann darum jeder nur selbst beschaffen. Um Mitternacht, just zu der Stunde, da keiner daran denkt, kommt der Erwartete. Unaufhaltsam schließen sich die Türen hinter ihm und den Lichtträgerinnen. Als die anderen später anklopfen, werden sie zurückgewiesen: »Ich kenne euch nicht!« (Matth. 25). – Da ist sie wieder, die Strenge: »Ohne mich könnt ihr nichts tun.«
Wer je glaubte, die christliche Religion als sentimentale Gefühlssache abtun zu können, hat von ihrem Wesen

und Charakter nichts begriffen. Weil sie eine Angelegenheit ist, die mit dem höheren Ich eines jeden Menschen zu tun hat. So wie die Lichtstrahlen über die ganze Erde hinfluten, im mannigfaltigsten Farbenspiel erglänzend, aber alle ihr Zentrum in der einen Sonne finden, so haben alle Menschen ihr nur ihnen eigentümliches, unaustauschbares Ich, das jedoch gespeist wird aus dem einen, allen gemeinsamen Lebensquell – der Christussonne. Niemand wird verdammt, aber wer sich selbst von diesem Quell ausschließt, der verdorrt.

Vielleicht ist ein wenig klarer geworden, daß das Christentum keine Lehre ist, sondern Nahrung für unser Ich. Und somit mit den Wurzeln des menschlichen Daseins zusammenhängt.

Wer aufmerksam liest, wird bemerken, daß jedes dieser sieben Ich-Bin-Worte direkt oder indirekt einmündet in die Verheißung, daß es *Leben* spende. – Man könnte ja diesen Hinweis leicht mit der Behauptung entwichtigen, daß wir doch alle leben, ob wir nun Christen sind oder nicht. Dies Wort umfaßt jedoch viele Schichten, von der animalischen Existenz an bis zu der höchsten, von Seele und Geist durchdrungenen Offenbarungsform des Menschlichen, und die Individualität ist höchst wandelbar im Durchspielen und Beherrschen der verschiedenen Lebensbereiche. Da kann jemanden (aus welchem Bewußtsein eigentlich?) die Erkenntnis blitzartig durchzucken: »Es gibt wahrhaftig Menschen, die gar nicht *leben*« (Jonesco), und die gespenster-

artige Maskenhaftigkeit so mit Ekel anfüllen, daß sie an dem Sinn dessen, was sich gemeinhin Leben nennt, überhaupt zweifeln. Oder man denke an das Wort Friedrich Hebbels, wie er in der Nacht plötzlich aufschrickt, angehaucht von der Schwinge dessen, der der Bruder des Schlafes ist: »Siehe, da hab ich gelebt!«
Wieder kann uns das Ur-Bild aus der Schöpfungsgeschichte des Alten Testamentes vor das Auge treten: »Und Gott blies Adam den lebendigen Odem ein.« Dieses Wunder der Entstehung des Lebens findet in der zweiten Schöpfungsgeschichte, die das Neue Testament im Prolog des Johannes-Evangeliums beschreibt, seine Fortführung. Und dann: »Gott will Götter« (Joh. 10). Was heißt das denn? Gott will Wesen, die selber Leben in die Welt des Todes bringen können, und zwar kraft der Liebe, von der unser Erdenstern einmal ganz durchdrungen sein soll. »Niemand hat größere Liebe denn die, daß er sein Leben hingibt für seine Freunde. Ihr seid meine Freunde« (Joh. 15).
Christus zieht den Schleier fort, der die Fülle, das Pleroma, den Glanz der ätherischen Welt verhüllt; mehr noch, mit seinem Ich ziehen die schöpferischen Ätherkräfte in den Menschen selber ein, so daß die geheimnisvolle Dreiheit: Leben, Licht, Liebe, von der Johannes ganz durchdrungen ist, nun auch in ihm aufleuchten.

Christus – der Heiler

Die Heilung des kranken Kindes in Kapernaum

Jesus Christus, der Lehrer, der die Erinnerung an das Reich Gottes in uns wach erhält, der Sündenträger, der uns unsere Schulden vergibt – und der Heiland, der Heilende. Dieser letzte Aspekt seines Wirkens hat immer eine besondere Bedeutung gehabt. Was hat es damit auf sich? Werden hie und da aus der großen Menge einzelne herausgegriffen und von ihren Krankheitssymptomen (Fieber, Gicht, Blindheit) in einer mirakulösen Art befreit? Wobei die Frage entstünde: Was wird aus den andern? Was heißt das überhaupt: krank sein? Die Erfahrung lehrt uns, daß das weit mehr ist als die bloße Beschädigung leiblicher Funktionen, nach deren Beseitigung man wieder gesund wäre. Der harmonische Zusammenklang von Geist, Seele und Leib ist gestört. Das Urbild kann das Wesensgefüge nicht mehr rein durchleuchten und durchkraften.

Der Schicksalsverlauf läßt uns mühsam erlernen, daß es sich bei der Genesung nicht um ein Wegwischen der Krankheitssymptome handelt, sondern um ein Heilwerden der Urgestalt. Merkwürdigerweise kann in diesem Prozeß gerade die Krankheit eine wichtige Rolle bei der Gesundung spielen. Wir müssen uns fragen: Heilt Christus die Menschen von der Krankheit oder – durch die Krankheit?

Beschäftigen wir uns mit dem Johannes-Evangelium, so zeigt sich, daß die drei dort geschilderten Heilungen uns ein genaues Bild vermitteln können, wie Menschen mit der Krankheit umgehen und wie dieselbe durch die Kraft des Christus sogar zu einem wichtigen Geburtshelfer des Ich werden kann.

Im 4. Kapitel des Johannes-Evangeliums wird die erste Heilung erzählt. Zum zweiten Mal ist Christus von Judäa nach Galiläa hinaufgewandert. Wieder weilt er in Kana, »da er das Wasser zu Wein gemacht hatte«. Dort war das erste Zeichen geschehen, das seine Herrlichkeit offenbarte bis in den Bereich der Elemente hinein. Was Wunder also, daß sich die Kunde seiner Anwesenheit schnell über die Lande verbreitet! So hört auch in Kapernaum der »Königische« (nicht zu verwechseln mit dem römischen Hauptmann zu Kapernaum, von dem die andern Evangelien berichten) von ihm. Ein Jude, im Dienste des Königs Herodes stehend, der um das Leben seines fieberkranken Sohnes bangt. Die Not bewegt ihn, vom See Genezareth nach Kana den weiten Weg zu wandern und Christus um sein Kommen zu bitten, so wie man etwa den Arzt zum Kranken holt. In der Antwort, die ihm zuteil wird, liegt eine leise Zurückweisung: »Wenn ihr nicht Zeichen und Wunder seht, so glaubt ihr nicht.« Steht wirklich die Sorge um das Kind im Mittelpunkt des Geschehens, oder ist eine wenn auch noch so versteckte Wunderneugier im Spiel? Die nächsten Sätze können in ihrer lapidaren Kürze und Wucht gar nicht übertroffen werden.

»Der Königische sprach zu ihm: Herr, komm hinab, ehe denn mein Kind stirbt. Jesus spricht zu ihm: Gehe hin, dein Sohn lebt. Der Mensch glaubte dem Wort, das Jesus zu ihm sagte, und ging hin.« Die Anrede steigert sich zum Kyrios. Die vibrierende Angst läßt keinen Unmut zu. Es geht ihm wirklich um das Kind. Seine Bitte wird erfüllt, anders zwar, als er denkt.
Der Arzt kommt nicht zum Kranken. Jesus Christus geht nicht mit nach Kapernaum. Es bedarf seiner Anwesenheit bei diesem Kranken nicht. Also doch ein Wunder? Aber der Vater bekommt ein Wort auf den Weg, ein Leben verheißendes Wort. »Und der Mensch glaubte dem Wort.« Man braucht sich nur ein wenig in diese Begebenheiten hineinzuversetzen, um etwas von der Heldentat des Geistes zu spüren, die in diesem Geschehen liegt.
»Im Wort ruht Gewalt...« Man kann auch an das Säemanns-Gleichnis denken. Das Wort Gottes ist ein Same, der im Seelengrund keimen und wachsen will. Dieser Königische vollbringt das Wunder, das Wort Gottes in seine vor Sorge und Not vibrierende Seele aufzunehmen, es in sich hineinzusenken wie einen Keim, der die Zukunftsgestalt unsichtbar in sich trägt. Das Wort hat ordnende, stärkende Kraft, wenn es in der gläubigen Seele bewegt wird. Es entbindet Werdekräfte, die noch im verborgenen ruhen. Dieser Königische geht als ein anderer Mensch fort, als er gekommen ist.
Vielleicht ist es gar nicht so mirakulös, wie es zunächst

anmutet, wenn wir hören, daß der Knabe fieberfrei geworden ist in der gleichen Stunde, als sich die Seele des Vaters durchdrang mit dem Glauben an das Wort Gottes. – Die Geschicke der Menschen sind miteinander verflochten. Wir sind viel mehr aufeinander angewiesen, als wir meinen. Zuweilen muß sich erst im Lebensumkreis eines Kranken etwas ändern, ehe er genesen kann. Die neue Kraft, die in dem Vater erwachsen ist, gesundet das Kind, verändert den Lebensumkreis. »Er glaubte mit seinem ganzen Haus.«

Die Heilung des Kranken am Teiche Bethesda

Nach der Heilung des Knaben in Galiläa, wo die Landschaft bis in die Elemente hinein durchsättigt ist von der Wesensausstrahlung des Christus, wird nun gleich anschließend die nächste Heilung geschildert, die sich in Judäa, in Jerusalem vollzieht.
Das Johannes-Evangelium ist das Buch der großen Wanderungen. Bereits das zweite Mal innerhalb der drei Jahre des Erdenwandels Christi heißt es: »Jesus zog hinauf nach Jerusalem.« Es wird das Herbstfest, das Laubhüttenfest gewesen sein, das bevorstand, und etwas von michaelischer Strenge liegt über diesem Bericht. – Es ist eine sehr geheimnisvolle Krankengeschichte, in der die unausgefüllten Zwischenräume, das Verschwiegene zu den Aussagen hinzuzurechnen sind. Zunächst der Ort, ein Teich am Schaftor, der Teich Bethesda (Haus der Gnade), dessen Gewässer dadurch

heilkräftig geworden sind, daß sie von Zeit zu Zeit bewegt werden von einem Engel. Ganz sachlich und selbstverständlich wird das berichtet. Man kennt die Zusammenhänge noch: das Element des Strömenden, Fließenden, Durchsichtigen, das empfänglich ist für überirdische Bewegungen, welche den Angeloi noch die Möglichkeit geben, »zu ihrer Zeit« darin einzutauchen, es zu durchdringen mit ätherischer Lebenskraft, sozusagen ein Himmelsfenster im Irdischen öffnend. Und nun schleppen sich die Kranken dorthin, dürstend nach Gesundheit. Es sind so viele, daß man fünf Hallen erbaut hat, denn jede Krankheit wird abgewaschen, welche auch immer, man muß nur der erste sein, der sich in dem Wasser reinigt, nachdem der Engel es mit göttlicher Frische neu belebt hat, wenn der »Kairós« gekommen ist.

Man kann sich die Atmosphäre in diesen Hallen vorstellen: das Elend der Bresthaftigkeit, all die Hoffnungen und Enttäuschungen und wie jeder letztlich nur noch mit sich und seiner Krankheit beschäftigt ist, so daß man den Nächsten gar nicht mehr wahrnimmt. Die Krankheits-Dämonen verdrängen die Iche.

Dazwischen nun der Kranke, auf den der Blick des Christus fällt. Es ist seltsam: Bei der folgenden »Heilung« spielt dieser Ort, das vom Engel bewegte Wasser, überhaupt keine Rolle mehr, als seien die ehemals so wichtigen Heilkräfte der Natur bei dem, was jetzt erforderlich ist, nicht mehr wichtig. – »Es war dort ein Mensch.« Wir wissen seinen Namen nicht, wissen auch nicht, wie alt er ist, aber er ist nicht irgendeiner. Die Länge seiner Krankheit zeichnet ihn aus. 38 Jahre lang liegt er dort gelähmt und wartet, daß man ihm hilft. Langsam ist aus dem Hoffenden ein Wartender und schließlich ein Resignierender geworden; und der Schwerpunkt seiner Krankheit hat sich verschoben – in die Umwelt. Allmählich ist er aus dem Ablauf des Lebens und seinen wechselnden Anforderungen herausgeglitten. Man darf annehmen, er habe sich eingewöhnt in den Zustand des Krankseins mit seinen zunehmenden Ansprüchlichkeiten.

Die Frage, mit der Christus zu ihm tritt, ist fast schokkierend. Offensichtlich hat es hier doch die Umgebung an der nötigen Hilfsbereitschaft fehlen lassen. Darüber wird kein Wort verloren. »Willst du gesund werden?« Man sollte diese wenigen Worte nicht schnell lesen. Man muß sie hören, und zwar lange, und dabei beobachten, wie das Zentrum dieser Krankheit wieder zurechtgerückt wird ins Innere des Gelähmten selbst. Die Antwort kommt zunächst noch von der Oberfläche her, daß ja eben niemand da sei, der sich um ihn kümmere und er so die Heilsquelle nie erreichen könne – eben die anderen sind schuld. Und dennoch ist es, als ob unter dem Oberflächengekräusel die Worte Christi wie schwere goldene Münzen hinabsinken auf den Grund seiner Seele, die Verkrustung von Resignation und Eigensucht aufbräche, um den gelähmten Willensquell wieder in Regsamkeit zu bringen. Vor dem Ich, dem verborgenen Allerheiligsten, in dem jeder Mensch

Bitte
ausreichend
frankieren

VERLAGSGEBIETE

Kunstgeschichte
Religions- und
Geistesgeschichte
Theologie
Märchenkunde
Kinder- und
Jugendbücher

Wenn Sie über unser
Verlagsprogramm
orientiert sein wollen,
senden Sie bitte diese
Karte ausgefüllt zurück.

An den
Verlag Urachhaus
Postfach 131053
7000 Stuttgart 1

nur allein handeln und entscheiden kann, steht Christus gleich einem Hierophanten. Die Antwort des Kranken wird durch die zweite Anrede des Christus wie hinweggewischt. Es ist keine Zeit mehr zu verlieren. »Stehe auf... und gehe hin.« Das Vermögen, sich aufzurichten, sich zu erheben, aus welcher Niederlage auch immer, diese dem Ich einversiegelte göttliche Kraft, befreit sich aus ihren Banden. Der Kranke wird durch den Anruf des Christus sich dieses in ihm ruhenden Vermögens wieder bewußt. Die Fixierung auf äußere Hilfe verliert ihren Bann. Er ist wieder auf den Weg gebracht, der Gelähmte geht und wird dadurch neu eingegliedert in das Menschsein. Das können äußere, aber durchaus auch innere Wege sein – mehr noch: Der wiedererweckte Wille kann tragen. Das Krankenlager, an das er gefesselt war, nun nimmt er es auf sich. Das Zeichen der Krankheit wird nicht weggenommen, aber er wird in ein anderes Verhältnis dazu gesetzt. Es ist ein großer Unterschied, ob man ein Leid nur aushält, von ihm niedergedrückt wird, oder ob man es trägt.

Daß diese Aufrichtung an einem Sabbat geschah, war für die Juden ein Skandalon, ein Verstoß gegen die vom Vater eingesetzte Weltordnung der Schöpfung. Das gibt dem Geschehen noch mehr Gewicht. Mit dem Sohnesgott jedoch hat eine neue Schöpfungsrunde begonnen, in der auch die Sabbatruhe tätig-heilend durchstrahlt wird von der Sonnenkraft Christi. »Mein Vater wirket bis hierher und Ich wirke auch.«

Wohin hat den Genesenden sein Weg geführt? Zur Danksagung in den Tempel. Dort findet die zweite Begegnung mit dem Christus statt. Jetzt wird die Schicksalshintergründigkeit der Krankheit offenbar. Sie ist das ureigene Geschick dieses Menschen und wurzelt in der Sonderung von Gott.

»Sündige hinfort nicht mehr, daß dir nichts Ärgeres widerfahre.« Das muß nicht heißen, daß die Krankheit eine Strafe ist; aber die seelischen Abirrungen und Schwächen der ganzen Menschheit haben ihre notwendigen Folgen bis in das Leibliche hinein. Daran haben wir alle teil. Das ist jedoch zum Heil des Menschen. Nichts könnte ihm besser helfen, an der Wiederherstellung des göttlichen Urbildes zu arbeiten, als die geduldige, täglich neu zu leistende Überwindung. So vermag er langsam durch die Bewältigung der Krankheit zu seinem Ich hin zu gesunden.

Die Heilung des Blindgeborenen

Als dritte und letzte Heilung beschreibt Johannes im 9. Kapitel die Heilung des Blindgeborenen in Jerusalem. Es wird im Anschluß an das Laubhüttenfest gewesen sein.

Origenes hat von dem »dreifachen Schriftsinn« als einem Schlüssel zum Verständnis des Evangeliums gesprochen. Das wird bei diesem »Zeichen« ganz besonders deutlich. Das leibliche Gebrechen wird geheilt. Aber das äußere Geschehen spiegelt zugleich

die Auflichtung des Seelischen und die Eröffnung des Geistesauges wider.
Versuchen wir, uns das Bild vor Augen zu rufen. Im Vorübergehen sieht Jesus den Blinden am Wege, so wie auch heute noch der blinde Bettler am Wegesrand zum Straßenbild in Palästina gehört. – Die Frage der Jünger nach dem Hintergrund dieses schweren Schicksals erschließt uns wichtige Einblicke in die geheimnisvollen Bezüge zwischen dem Ich und den körperlichen Mängeln. Bis in die heutige Zeit hinein ist bei vielen Menschen die Empfindung ausgeprägt, daß Krankheit die Strafe sei für eine Sünde oder Schuld. Die aufsässige Frage: »Womit habe ich das verdient?« hängt damit zusammen. Bei der Heilung des Kranken am Teiche Bethesda ist es Christus selbst, der den möglichen (heute würden wir sagen: psychosomatischen) Zusammenhang aufdeckt: Seelische Schwächen können irgendwann einmal durchschlagen ins Körperliche. – Jetzt aber taucht in der Antwort des Christus ein ganz neuer Horizont auf. (Interessanterweise zeigt die Frage der Jünger, ob der Blindgeborene vielleicht gar selbst sein Schicksal verschuldet habe, daß im Volke die Reinkarnation eine durchaus mögliche Vorstellung war.) Hier war nicht die Umwelt kränkend, etwa durch die Eltern; auch ist die Blindheit nicht als Folge einer Verfehlung im vorigen Leben zu betrachten –, sondern die »Arbeit Gottes« soll sich in ihm offenbaren. Nicht etwa in dem plumpen Sinn, als benutze Gott das Gebrechen eines Menschen, um seine Wunderkraft

daran zu erweisen. Vielmehr legen diese Worte uns nahe, uns zu ganz neuen Gedankengängen aufzuraffen. Ist es denkbar, daß eine Individualität bereits vor ihrer Geburt in der geistigen Welt in der Vorschau auf das kommende Leben sich selbst ein Hindernis in den Weg gelegt hat, damit an dessen Überwindung die dem Menschen zugedachten Gotteskräfte errungen werden können? Das ist schwer, sich auf der Erde wieder im Erleiden des Geschicks zu der Höhe des einstens Gewollten emporzuarbeiten. Das sind echte Zu-Mutungen. Sie setzen uns jedoch in ein neues Freiheitsverhältnis zu der Last. Aus dem Verhängten wird das Erwählte. Die Kräfte, die in diesem Kampf errungen werden müssen, haben ihre Auswirkungen in der Zukunft.

Wir wollen die mysterienhafte Handlung der Augenöffnung selbst noch zurückstellen.

Wie erleben wir den Geheilten später unter den Menschen?

Als einen freien Menschen. Als einen mutigen Menschen. Jemand, der durchschauen kann. Der die hohe Kunst der reinen Wahrnehmung übt. Und schließlich: der den Gott im Menschen anerkennt. Ein Mensch – der einzige außer Christus –, der sagen kann: Ich Bin.

Jeder muß sich beim Lesen des 9. Kapitels dieses bewegende Drama selbst ausmalen. – Es ist wieder eine Heilung am Sabbath! Man denke – ein Mensch, der nach langen Jahren der Blindheit erstmals die Gesichter von

Menschen sieht! Und nun – keiner ist da, der sich mit ihm freut. Wie mit scharfen Schnäbeln stoßen die Fragen der einzelnen Gruppen auf ihn. Die sensationslüsterne Neugier der Nachbarn. Das bösartige Mißtrauen der Pharisäer. Die feige Angst der Eltern. Dann wird unversehens die Szene zum Tribunal. Demgegenüber die Aussage des Geheilten, die präzis das Geschehene wiedergibt, dann immer knapper wird, auf jede Wiederholung verzichtet. Er sieht den Schwerthieb des Willens hinter dem Mantel der vielen Worte. Sie stoßen ihn aus ihrer Gemeinschaft aus. Vorher bannte ihn seine Blindheit an den Rand des Weges, auf dem die Menschen wandern. Jetzt schließt ihn sein Durch-Schauen aus. Ist er etwa allein sehend in einer Welt der Blinden?

Jesus sucht und findet den Ausgestoßenen, und er erwählt ihn durch seine Frage in eine neue Gemeinschaft. »Glaubst Du an den Gottessohn?« – »Herr, welcher ist's, auf daß ich an ihn glaube?« – »Du hast ihn gesehen, der mit dir redet, der ist's.« Und wieder dieses überwältigende »Herr, ich glaube«. Der Glaube erweist sich als Erkenntnisorgan für das Übersinnliche. Und er kniet vor Ihm.

Noch einmal steigert sich das Geschehen nun im erweiterten Sinn zur Krisis. An der Offenbarung des Gottessohnes im Menschen wird es sich entscheiden, wer blind und wer sehend ist.

Diese Frage ist zutiefst mit dem Menschheitsgeschick verbunden, von Paradieseszeiten her. »Da wurden seine Augen aufgetan«, so wird von dem Menschen gesprochen, der dem Sündenfall erlegen ist. Jetzt hatten Adam und Eva den Blick für die irdischen Realitäten gewonnen. Sie sahen sich hüllenlos. Aber das heißt doch zugleich, daß sich andere Augen schlossen, daß sie blind wurden für das Übersinnliche.

Wenden wir uns nun dem Heilungsvorgang selbst zu, im Hinblick auf den dreifachen Schriftsinn. Man kann sich nur an das Mysterium herantasten. Christus, der von sich ausgesagt hat »Ich bin das Licht der Welt«, dessen Beziehung zur Erde als Wesen, zur Gäa, bereits im vorangegangenen 8. Kapitel deutlich wurde (als er das Schicksal der Ehebrecherin in die Erde schrieb), nahm etwas Erde, benetzte sie mit seinem Speichel, vermengte beides zu einem Teig, mit dem er die Augen des Blindgeborenen bedeckte. Dann schickte er ihn hinab zum Teich Siloah, daß er seine Augen darin wasche. Was sind das für geheimnisvolle Vorgänge! Gewiß kennt man die Heilkräfte des Speichels. Auch die Erdenstofflichkeit, durchsetzt mit den feinsten Spuren der Metalle und Mineralien, kann durchaus heilend sein. Was hat das jedoch mit dem Licht zu tun, an dem sich leiblich, seelisch, geistig das Auge bildet? Es gibt nicht nur die unmittelbare Lichtwirkung von Sonne, Mond und Sternen. Auch die dunkle, undurchlässig scheinende Erde ist durchdrungen von Licht. (Jakob Böhme sprach von der »Licht-Erde«.) Wer kennt nicht das Erstaunen, wenn man in einem aufgeschlagenen, äußerlich unansehnlichen Stein die Kristalldruse erblickt, lauter Lichtaugen im Innern der Erde. In vergangenen Zeiten galten sie als die Augen, durch welche die Engel zur Erde hereinschauen können.

Mit solchen Gedanken im Hintergrund fragt man sich: Ist es die von den Lebenskräften des Christus durchdrungene Licht-Erde, die verklärte Erde, die auf den Augen des Blinden ruht? Wirken die kristallbildenden, den Engel-Blick gewährenden Lichtkräfte herein? Wird die Erde wieder durchsichtig wie in Paradieseszeiten?

Aber der Kranke muß sich an der Heilung selbst beteiligen. Er muß zu dem Teich hinabsteigen, der als einziger in Jerusalem von Quellwasser gespeist wird. Der Name Siloah bedeutet »gesandt«. Waschungen waren in alten Zeiten Läuterungszeremonien. Das Sehen, wenn es sich zum Schauen steigern soll, bedarf der Läuterung im Sinne des Wortes aus dem Lukas-Evangelium »Das Auge ist des Leibes Licht. Wenn nun dein Auge unbefangen blickt, so ist dein ganzer Leib licht. Wenn aber die Begierde im Auge das Schauen trübt, wird auch dein Leib finster« (Luk. 11,34). Noch eine andere Übung kommt hinzu. Ein alter Weisheitsspruch lautet: »Bevor das Auge sehen kann, muß es der Tränen sich entwöhnen.« Das Übermaß des eigenen Gefühls, das die objektive Wahrnehmung des Geschehens leicht verdeckt durch das eigene Erleben, muß geläutert werden. – Dann wird das Auge rein und vermag in Zukunft zur irdischen Wahrnehmung hinzu die

Erde als den Leib des Christus und den Menschen als Gottesträger zu schauen. Es wird sehend im umfassenden Sinne.

Diese Heilung zeigt, wie sich im Ertragen einer Bresthaftigkeit Keime entwickeln können, die zu Fähigkeiten werden in zukünftigen Zeiten.

Er trägt die Schuld

Christus der Lehrer, Christus der Heiler – und der unsterbliche Bruder der sterblichen Menschen, der die Last ihrer Sünden mitträgt.

Das Dunkelwort der Schuld – wie hat es die Menschen gequält, vom Geißelhieb pharisäerhaften Hochmutes noch verstärkt! Heute schlägt das Pendel nach der anderen Seite aus, und man meint, den Menschen einen Dienst zu erweisen, wenn man sie aller Schuldgefühle los und ledig spricht durch die Nivellierung von Gut und Böse, indem man das Gefälle dazwischen verwischt. Daß die Seele dadurch an moralischem Gewicht verliert, tritt allerdings auch immer bedenklicher zutage.

Das mosaische Gesetz stellte das Richtmaß für Gut und Böse in die Welt und wirkte als strenger Erzieher der Moralität. Das war ein notwendiger Schritt in der menschlichen Entwicklung; aber eben ein Schritt, dem der nächste folgen mußte, damit der Mensch zu seinem eigenen Richter wird durch das Gewissen in ihm. Diesen Freiraum des selbständigen Gewissens hat der Christus für den Menschen erschaffen, indem die Sonne des höheren Ich am Horizonte einer jeden Seele aufzustrahlen begann. Es ist sehr aufschlußreich, daß es das Wort »Gewissen« in alten Zeiten nicht gab; auch im Alten Testament ist es nicht zu finden, das

beherrscht ist vom Gesetz. Die Griechen kannten wohl die Erinnyen, die Rachegöttinnen, heraufbeschworen durch eine böse Tat, die Sprache des Gewissens im Menschen wird jedoch jetzt erst geboren.
Es war für die Pharisäer und gesetzestreuen Schriftgelehrten das größte Ärgernis, daß dieser Jesus von Nazareth sich zu den Verachteten (Zöllnern) und Sündern setzte. Niemals konnte das der Messias sein, der sich nicht rein hielt von der Berührung mit der Schuld. Eindringlich schildert das Johannes-Evangelium den Zusammenstoß einer alten Gesetzeswelt, die jede Abweichung verdammen mußte, mit der neuen Welt des Christus, in der das Licht der Gnadensonne ganz andere Perspektiven des Schuldausgleiches und der Schuldverwandlung aufleuchten läßt. Die Pharisäer wollten hinrichten – Christus richtet auf.
Es war im Grunde eine tödliche Herausforderung, die im 8. Kapitel des Johannes-Evangeliums geschildert wird. Als Christus in der Morgenfrühe des letzten Tages vom Laubhüttenfest in den Tempel kommt, stellen die Priester ihm eine Ehebrecherin gegenüber. »Moses hat uns geboten, solche zu steinigen. Was sagst nun du?« Wird er es wagen, sich in aller Öffentlichkeit gegen das Gesetz zu stellen? Wenn nicht, was hat es dann mit seiner neuen Lehre von Mitleid und Liebe auf sich? Man spürt die lauernde Bösartigkeit in der hämischen Frage. Jesus Christus schweigt, beugt sich nieder und schreibt mit dem Finger in die Erde. Als sie ihn weiter bedrängen, kommt die Antwort: »Wer unter

euch ohne Sünde ist, der werfe den ersten Stein«, und schreibt wieder in die Erde. Wir kennen den weiteren Verlauf, wie sie alle hinausgehen, einer nach dem anderen, angefangen bei den Ältesten, »von ihrem Gewissen überführt«, bis sie einander allein gegenüberstehen, die Sünderin und Christus. »Hat dich niemand verurteilt? Herr, niemand. – So verurteile ich dich auch nicht. Gehe hin und sündige hinfort nicht mehr.«

Gott hat sie angenommen mit ihrer Schuld. Sie ist nicht verworfen vor seinem Angesicht, so kann sie weiter ihren Lebensweg gehen. Er wird ihn mit ihr gehen und mit ihr die Last tragen.

Also wäre gar nichts geschehen und gäbe es gar keine Schuld? Keinesfalls. Weil Gott ihr vergeben hat, ist der Stein von ihrem Herzen genommen, kann sie weiterleben. Aber die Tat ist eingeschrieben in die Erde.

Ja, die Erde hat ein Gedächtnis. Alles, was wir tun – oder unterlassen – hat seine Folge. Und wir, immer wieder zu ihr zurückkehrend, treffen auf die alten Spuren mit dem nun von jenseits gereinigten Blick, voll des Willens zu heilen und zu sühnen. Daß wir's vermögen, danken wir dem Christus, der uns seine Kraft zum Guten schenkt und das Unheilbare, das durch uns nicht mehr auszugleichen ist, auf sich nimmt. Daß da kein Rest bleibe!

Worte verwehen – Taten fallen der Vergessenheit anheim; aber was das Wort als Gesinnung erfüllt hat, was die Tat befeuerte an Gut oder Böse, das bleibt bestehen, »dem Boden angebannt«. Das ist nicht äußerlich gemeint, ist vielmehr die exakte Beschreibung des Daseinsgrundes, der sich aus unseren Lebensfolgen erbildet – und mit dem der Christus sich verbindet. Ahnungen umwittern den alten Goethe in Dornburg und flüstern ihm rätselhafte Verse zu.

»Nicht mehr auf Seidenblatt
Schreib ich symmetrische Reime;
Nicht mehr faß ich sie
In goldne Ranken;
Dem Staub, dem beweglichen, eingezeichnet
Überweht sie der Wind, aber die Kraft besteht,
Bis zum Mittelpunkt der Erde
Dem Boden angebannt.«

Aber daß wir nicht das rechte Augenmaß verlieren für die Dimension des Tröstenden, Aufrichtenden! Der Hintergrund dieser Milde ist durchstrahlt von urgewaltigem Ernst. Er, der die Last der Sünderin im Erbarmen mitträgt, ist in seiner Unerbittlichkeit und Schonungslosigkeit ohne Kompromiß, wenn es darum geht, in der Auseinandersetzung mit den Pharisäern die Maske der Heuchelei und Selbstgerechtigkeit abzureißen. In der Auseinandersetzung mit dem Bösen haben wir es mit Mächten zu tun.
Da leuchtet die Hoheit dessen auf, der die Krisis für den Menschen herbeiführen kann, damit sich die Seele, durch Leiden gereift, von der Verhaftung an die Starrheit des Gesetzes lösen kann zu freiwilligen Taten der Liebe.

Wir brauchen nur im 8. Kapitel weiterzulesen, um zu gewahren, wie da einer mit Schwerthieben des Wortes im Lügengestrüpp der Scheinheiligkeit die Pfade der Wahrheit herausschlägt. Im Vordergrund steht die Tat des Mit-Leidens und der Sündenvergebung. Dahinter jedoch wird der unerbittliche Kampf gegen Luzifer und Ahriman gekämpft, der Mächte, die sich der Seelen bemächtigen wollen. Was Wunder, daß die Juden am Schluß dieses geistigen Dramas Steine aufheben, um nun Ihn zu vernichten! Aber Seine Stunde ist noch nicht gekommen.

Die Zeichen, die seine »Herrlichkeit« offenbarten

»Dieses Geschlecht ist von arger Art, ein Wunder-Zeichen begehrt es zu sehen, aber es wird ihm kein anderes Zeichen gegeben werden als das Zeichen des Jonas« (Luk. 11). Wunder, insofern sie nur eine mirakulöse Durchbrechung der Naturgesetzte darstellen, lehnt unsere Vernunft zu Recht ab. Wozu wären sie auch nütze? Gleichzeitig sehnt das bedrängte Gemüt oftmals ein Wunder herbei, gewissermaßen als letzte Rettung aus der Not, die selbst nicht mehr zu bewältigen ist.

Zu Beginn der Erdenwirksamkeit des Christus steht jedoch die klare, eindeutige Absage an eine Wundertätigkeit, mit der die Versuchermächte ihn verlocken wollen, damit er sich zum Herrn dieser Welt aufwerfe. Die Synoptiker berichten von dem dreifachen Ansturm der Widersachermächte, als Christus sich nach der Taufe 40 Tage in die Wüste zurückzog (Matth. 4,1–11; Mark. 1,12,13; Luk. 4,1–13). Über dieses Nein kann man nicht hinweglesen. Er hat sich der Naturgesetzlichkeit unterworfen – »ist worden, wie unsereins« (Phil. 2,7) – und jegliche Überwältigung abgelehnt.

Aber »Zeichen« σημεῖον hat Christus vollbracht. Taten, durch welche in die Welt der materiellen Gesetzmäßigkeiten eine geistige Welt spiritueller Ordnungen hereinleuchtet. Wir Menschen sind alle Bürger zweier Welten, einer sichtbaren und einer unsichtbaren

– einer naturhaften und einer göttlichen. In Jesus Christus hat der Gott-Mensch in seiner höchsten Vollkommenheit drei Jahre auf der Erde gelebt. In den »Zeichen«, die er vollbrachte, glänzt jedesmal etwas von dieser uns allen zugedachten Urbildlichkeit durch. Wunder sollen wir nicht von außen erwarten, wir sind jedoch ermächtigt, selber welche zu vollbringen. Das Bild des Jonas, der drei Tage und drei Nächte im Bauche des Walfisches war, weist uns auf die Schicht hin, in der wir, das innere Stirb und Werde vollziehend, wunderwirkend, d. h. aus dem Geiste handelnd, auf der Erde leben können. »Wundertätig ist die Liebe, die sich im Gebet enthüllt« (Goethe).

Dies ist die eherne Grundlage, wenn wir nun die sieben Zeichen, die Johannes schildert, betrachten.

Die Hochzeit zu Kana

Jesus, der Zimmermann aus Nazareth, war den Menschen ja kein Unbekannter. Auf wie vielen Wanderungen war er in früheren Jahren bei ihnen eingekehrt, hatte ihnen zugehört in unendlicher Liebe. Wie oft und lange hatte man von ihm gesprochen, wenn er schon längst weitergezogen war. Was lag näher, als ihn, der nach längerer Abwesenheit wieder in Galiläa war, zu einer Hochzeit einzuladen. Wie recht hat Dostojewski, der in seinem Roman »Die Brüder Karamasow« dieses Wunder-Zeichen in bewegender Weise als inneres

Erlebnis eines Menschen beschreibt: »Nicht in ihrem Kummer allein, nein, in ihrer Freude hat Christus die Menschen aufgesucht ... wer die Menschen liebt, der liebt auch ihre Freude...«

Das Wort »Liebe« ist heute in ungeheurer Weise pervertiert worden. Doch dürfen wir das heilige Geheimnis, im tiefsten Herzensschrein bewahrt, nicht vergessen, daß das Mysterium der Liebe die Mission der Erde ist, wenn man dieses Wort alles sektiererischen Eifers entkleidet. »Sagt es niemand, nur den Weisen / weil die Menge gleich verhöhnt...« (Goethe). Die Wiedervereinigung des Getrennten ist das hohe Ziel aller menschlichen Entwicklung. Darum mündet die Offenbarung des Johannes auch in das Bild der Hochzeit ein. Wenn Mann und Frau sich verbinden wollen, um einander zu helfen in gegenseitiger Verwandlung dem Urbild des Menschen näherzukommen, da rufen wir Ihn auch heute herbei im Sakrament der Trauung. »Im Namen dessen, der Erdenwirken zu Geisteswirken in eigener Opfertat wandelte ...« Er überhöht die menschliche Liebe mit seiner Gottesliebe, indem er ihr den Keim der Selbstlosigkeit einpflanzt. »Liebe ist der Grund der Möglichkeit der Magie. Die Liebe wirkt magisch!« (Novalis, Fragmente). Wenn dies schon bei uns schwachen Menschenkindern möglich sein soll, wie erst dann, wenn Er, in dem die göttliche Liebe selber leuchtet, anwesend ist! Auf der Hochzeit zu Kana vollbringt er das erste Zeichen »und offenbarte seine Herrlichkeit« – seinen Himmelsglanz. Nein, das war nicht mehr der unscheinbare Wanderer, als den sie ihn von früher her kannten. Am Anfang dieser drei Jahre umlohte ihn noch der Hoheitsglanz der Himmel, bis er ihn zuletzt ganz in die menschlichen Tiefen hineingeglüht hatte. Wer war es, der da mit seiner Mutter zwischen ihnen saß? War es nicht der Logos, der Weltenschöpfer selber? Keiner hat es poetischer und zugleich treffsicherer auszudrücken verstanden als Eduard Mörike in seinem Gedicht »Göttliche Reminiszenz«.

»An jäher Steinkluft, deren dünn begraster Saum,
Von zweien Palmen überschattet, magre Kost
Den Ziegen beut, den steilauf weidenden am Hang,
Sieht man den Knaben Jesus sitzend auf Gestein;
Ein alter Hirte, freundlich zu dem Kind gebeugt,
Gab ihm soeben ein versteinert Meergewächs,
Seltsam gestaltet, in die Hand zum Zeitvertreib.
Der Knabe hat das Wunderding beschaut, und jetzt,
Gleichsam betroffen, spannet sich der weite Blick
Entgegen dir, doch wirklich ohne Gegenstand,
Durchdringend ew'ge Zeitenfernen, grenzenlos,
Als wittre durch die überwölkte Stirn ein Blitz
Der Gottheit, ein Erinnern, das im gleichen Nu
Erloschen sein wird, und das welterschaffende
Das Wort vom Anfang, als ein spielend Erdenkind
Mit Lächeln zeigt's unwissend dir sein eigen Werk.«

Was Wunder, daß etwas in der Erdenstofflichkeit sich verändert, wenn Er selbst, der Herr der Elemente, zugegen ist! Immerhin hat es ein Theologiestudent des vorigen Jahrhunderts in Tübingen noch vermocht, das Einzigartige dieses Wandlungsgeschehens in einem Distichon auszudrücken, das übersetzt ungefähr so lautet: »Die Nymphe errötet über das Nahen des Gottes.« Es war ja aus der Quelle frisch geschöpftes Wasser, das den Menschen wie Wein mundete: »Ein dionysisches Element, der Lebenswein einer höheren Beseligung, einer alle Fesseln und Engigkeiten des Persönlichen sprengenden Ekstase wollte sich der Seele schenken.« So spricht es Hermann Beckh aus. In alten Zeiten vermochte der Wein eine solche Erhöhung und Steigerung des Bewußtseins dem einzelnen, noch lose in seinen Körper inkarnierten Menschen zu schenken.

Das Geschehen zu Kana bezeichnet sozusagen eine Grenzscheide. Unsere heutige leibliche Konstitution bewirkt beim Genuß des Weines eher eine Dämpfung des Bewußtseins als eine Steigerung. Heilig-nüchtern sollte sich eine wahre Bewußtseinssteigerung vollziehen. Wieder findet Dostojewski in der geschilderten Szene die Worte, die der Wahrheit am nächsten kommen. Hier wird etwas dargestellt, das urbildlichen Charakter hat. Das Wort des Evangeliums wird transparent für eine dauernde Geistwirklichkeit: Aljoscha kniet am Totenlager des geliebten Starez Sossima. In seine Trauer hinein fallen die Worte des Johannes-Evangeliums, das von den Wache haltenden Mönchen gelesen wird – »die Hochzeit zu Kana«. Miteins verwandeln sich die vernommenen Worte in lebendige

Gegenwart. Natürlich, da ist ja keine Sterbezelle, vielmehr ein Hochzeitssaal, und er, der geliebte Verstorbene, ist mitten unter den Gästen! Wie konnte man es auch nur vergessen: »Zur Hochzeit ruft der Tod«, so hat später Novalis diese Erfahrung ausgedrückt. Und er selbst, Sossima hebt an, im Herzen des Trauernden zu reden: »Siehst du unsere Sonne, siehst du ihn?« Christus selbst ist die Sonne, deren Wärmekraft das Wasser in Wein verwandelt, das Bewußtsein erhöhend!
Aber es ist noch nicht »seine Stunde«. Die schlägt erst im Tode. Dieses Überströmen seiner göttlichen Kräfte bis in die Elemente herein bezeichnet hier den Anfang seines Wirkens. »Und die Mutter Jesu war dabei.« Wie es oft wichtig ist, daß ein Mensch nur dabei ist und durch seine Anwesenheit die Fähigkeiten der anderen steigert! Was uns in der Lutherschen Übersetzung so gröblich verzerrt erscheint, weist in Wahrheit auf zarteste Geheimnisse hin: »Frau, – was ist zwischen dir und mir«, so ungefähr müßte man aus dem Griechischen übersetzen. Bis in das Mittelalter hinein hat man hie und da (z.B. in der Schule von Chartres) hinter der Mutter Jesu auch die geistmächtige Wesenheit der Göttin Natura hindurchschimmern sehen. Und als nun in Gegenwart des Jesus Christus, des Logos also, und der Mutter Jesu die Diener das Quellwasser in die Krüge schöpfen, webt sich etwas von der Essenz der »prima materia« in das strömende Wasser hinein, und die Hochzeitsgäste trinken im Wasser den goldenen Lebenswein, der aus der Sternenwelt erfließt, und die

beseligende Steigerung des Ich-Bewußtseins leuchtet auf in der Anwesenheit der Christus-Sonne.
Es ist das erste Zeichen – es offenbarte seine Doxa, seine Himmelskraft und weckt die ur-christliche Fähigkeit in den Herzen der Jünger: den Glauben, d.h. die Liebe zum Unsichtbaren.
Die drei nächsten »Zeichen« heilen das krank gewordene beschädigte Menschenbild, damit das Urbild darin wieder aufleuchten kann.

Fünftes und sechstes Zeichen

Das sechste Kapitel des Johannes-Evangeliums macht besonders deutlich, daß sich die Schilderungen des Evangeliums auf verschiedenen Ebenen bewegen. Die Begebenheiten, die da berichtet werden, sind mit der Ratio allein nicht zu fassen. Nun kann man sich verschieden verhalten: Man scheidet diese »wunderhaften« Partien aus, verweist sie in das Gebiet der Legende, des ausschmückenden Volksmythos und ist damit der Verpflichtung enthoben, sich ernsthaft damit beschäftigen zu müssen. Ein Mensch kann nicht auf dem Wasser gehen. Punktum. (Die Behauptung, man könne die Göttlichkeit Christi gerade daran erkennen, daß er eben das vermag, wozu Menschen nicht fähig sind, wird mit Recht heute als Aberglauben abgelehnt. Ein Gott, der solche Kunststücke vollführen kann, hat den Menschen – so empfindet man – in ihren Nöten wenig Hilfe zu bieten, ganz zu schweigen davon, daß

Christus gerade dieses ja in der Versuchungsgeschichte abgelehnt hat.)
Mit dieser Gesinnung wird aber nicht nur das menschliche Bewußtsein begrenzt, sondern auch das Wesen, um das es sich hier handelt, auf den Bereich menschlicher Vordergründigkeit beschränkt. Der allerorten erhobene Ruf nach Bewußtseinserweiterung gilt zuvörderst im Umgang mit religiösen Dokumenten. Die Stimme des Naturforschers Teilhard de Chardin mag für viele gelten, die von dem Verlangen spricht, endlich den Christus wieder zu entdecken, »der nicht nur ein Vorbild für gutes Verhalten und Menschlichkeit ist, sondern wirklich das übermenschliche Wesen, das von Anbeginn an im Schoß der Welt Gestalt wird und eine Seinskraft besitzt, die alles in sich aufzunehmen vermag«. Erst in dieser Denkart, die dem Jesus Christus wieder seine Göttlichkeit zuerkennt, »in ihm hat das Weltall seinen Bestand« (Kol. 1), hat man den rechten Hintergrund, um auch die Stellen verstehen zu können, in denen mit den Vokabeln der üblichen Sprache übersinnliche Geschehnisse geschildert werden.
Wir tun gut daran, wieder den Kirchenvater Origines zu Rate zu ziehen, der von dem dreifachen Schriftsinn gesprochen hat, welcher die verschiedenen Bewußtseinsebenen umfaßt: dem körperlichen Schriftsinn, der die physischen Vorgänge beschreibt; dem geistigen Schriftsinn, der die überzeitliche, geistige Wahrheitsrune im Spiegel des Irdischen zeichnet; dem seelischen,

moralischen Schriftsinn, der sich am ehesten der betenden Seele als ewiger Kraftzustrom erzeigt.

Das Wandeln auf dem Meer

Um die Schlüsselkraft des »dreifachen Schriftsinnes« zu erproben, wenden wir uns zunächst dem 6. Zeichen zu. Nach dem Speisungsgeschehen, das die Seelen der Jünger weit über sich hinausgehoben hatte, gehen sie am Abend an den See und fahren in einem Boot hinüber nach Kapernaum. Sie sind allein. Jesus hatte sich auf den Berg zurückgezogen. In der Nacht geraten sie in einen Sturm. Und dann gewahren sie im Morgengrauen (in der vierten Nachtwache) die Gestalt des Christus, wandelnd über das Meer zu ihnen hin. Wie immer, wenn Übersinnliches jählings in den Bereich der Sichtbarkeit durchbricht, werden die Seelen erschüttert vor Furcht. Dann aber gesellt sich den Jüngern zu der Schau, der Imagination, das Wort, die Inspiration, hinzu: »Ich Bin, fürchtet euch nicht.« Als sie ihn zu sich in das Schiff herein nehmen wollen, stoßen sie an das Ufer.

Das ist die äußere Situation. Grob gesprochen könnte man sagen: Menschen in Seenot, deren von Angst aufgerissene Seelen den Christus schauen als den Herrn der Elemente. Dem Leibe nach war Jesus auf dem Berg zurückgeblieben. Seine Geist-Seele jedoch hob sich aus dem Körper, so wie es auch unsere Seelen im Schlafe tun, und konnte den Jüngern erscheinen. Sie schauen ihn in seiner kosmischen Größe. Diese Geistesgegenwart Christi haben zum Beispiel die Druiden erfahren und seinen Gang von der Sonne zur Erde geistig verfolgt. Viele ihrer Gesänge geben davon Kunde.

»Die Sohlen seiner Füße haben die Erde erreicht,
Der Sohn der Herrlichkeit kam herunter aus den Höhen,
Himmel und Erde erglühen für ihn,
Die Berge leuchten zu ihm,
Die Ebenen erglänzen für ihn,
Die Stimmen der Wellen
Verkündigen uns: Christ ist geboren.«

Ist das nur alter Mythos? Oder vielmehr immer wieder erlebte Wirklichkeit, von der wir nur sparsam Kunde erhalten. Hie und da, wo man es kaum vermutet, blitzt etwas aus diesem Erfahrungsschatz auf.

»Sinnend lag ich am Steuer des Schiffes,
Träumerisch sinnend – und halb im Wachen
Und halb im Schlummer schaute ich Christus,
Den Heiland der Welt.
Im wallend weißen Gewande
Wandelt er riesengroß
Über Land und Meer;
Es ragte sein Haupt in den Himmel,
Die Hände streckte er segnend
Über Land und Meer:
Und als sein Herz in der Brust
Trug er die Sonne.«

Heinrich Heine, »Frieden«

In dem durch irgendeine Bewegung gelockerten Wesensgefüge kann momentweise der Geistgrund alles Geschehens, der Kyrios aufblitzen – damals wie heute. Die Rune der irdischen Begebenheit ist zugleich »Zeichen«, σημεῖον für ein ewiges Geistgeschehen. Jede Nacht stößt unsere Seele gleichsam vom Ufer der festgeprägten Leiblichkeit ab und gleitet hinaus auf das Äthermeer.
Wieder rufen wir ein Dichterwort zu Hilfe. Die Hellfühligkeit des echten Poeten (poein = schöpfen) ist treffsicherer als die Gelehrtheit mancher Theologen.

»Mit welcher Sicherheit weisen die silbernen
und goldenen Lichter der Sterne
den Weg! – Man könnte sagen,
daß die Erde die Straße
des Leibes ist,
daß das Meer der Weg
der Seele ist.
Ja, es scheint,
daß die Seele die einzige Reisende
des Meeres ist; daß der Körper allein
zurückgeblieben ist dort am Ufer...«

Juan Ramón Jiménez

Die Seele braucht jemanden, der sie auf ihrer nächtlichen Reise durch die Sternenwelt in seine Hut nimmt. Wenn wir uns am Tage betend mit Christus verbunden haben, so wird uns diese Hinneigung, dieses religiöse Gestimmtsein unserer Seele zu dem geleiten, der der

geistige Führer unseres Ich ist. Jeden Morgen, wenn das Schiff an Land geht, will das Wort aufs neue wieder Fleisch werden – in uns.
Und schließlich ist gerade dieses Zeichen des Wandelns auf dem Meer einer der wirksamsten Meditationsinhalte der Seele. Wer kennte das nicht, wenn die Wogen des Seelenmeeres hoch gehen, die Bedrängnis in Angst und Sorgen uns nicht zur Ruhe kommen lassen will, da bildet sich kein klarer Spiegel für die in ewiger Majestät wandelnden Gestirne. Dann kann man jedoch den Christus, den Herrn der Elemente, herbeirufen: Seine Gestalt ist hoch aufgerichtet, lichtweiß, den Weltraum erfüllend. Seiner ausgestreckten Hand gehorchen die Wellen. Und das Wort: »Ich Bin, fürchtet euch nicht«, in uns selbst gesprochen, erfüllt die Seele mit ruhevoller Sicherheit.

Die Speisung der 5000

Es ist Passah-Zeit, ein Jahr vor Golgatha. Jesus bleibt in Galiläa. Dieses Mal zieht er nicht mit hinauf nach Jerusalem; denn die Juden trachteten ihm schon nach dem Leben – aber »Seine Zeit« ist noch nicht gekommen. Die äußere Szenerie ist Hinweis auf den innern »Ort«. Er geht auf den Berg, erhebt sich aus der flachen Ebene des Alltäglichen. Die Berge gehörten den Göttern.
»Es war aber viel Gras an dem Ort« (Joh. 6). Wer auch nur einmal im Frühling seine Augen hat ruhen lassen

auf dem ersten jungen Grün, das aus der Erde sproßt, der weiß, daß es damit etwas Besonderes auf sich hat: Wie dieses zarte helle Grün mit seiner Frische den Beschauer belebt und in seinem Leuchten momentweise etwas erglänzt von der ätherischen Gegenwärtigkeit des Christus in der Erdenaura.

»Er hob seine Aufen auf.« Nur dreimal braucht der Evangelist diese mystische Formel: hier, dann bei der Auferweckung des Lazarus und schließlich im hohepriesterlichen Gebet. Was jetzt geschieht, ist nur möglich durch die Erhebung zum Vatergott und die Verbindung mit ihm. Dieses mittlere Zeichen der Speisung offenbart wie kein anderes das Einmalige des Christentums. Es bringt zunächst keine neue Lehre – es ist Wesensausteilung, Stärkung der Menschenkraft durch Gotteskraft. Der Sohnesgott bringt – Sich selbst! Zu der Lehre von Mitleid und Liebe, die schon Buddha verkündete, bringt er die Substanz der göttlichen Liebe hinzu. Im innersten Kern ist das Christentum Speisung. Der Logos wird Brot. Die Wesensausteilung des Christus beginnt. Sicher war eine Anzahl Menschen dort versammelt, die auch zu essen bekamen. Aber der äußere Vollzug ist nur wie der Siegelabdruck eines viel umfassenderen Erlebens. Die zum Himmel erhobenen Augen des Christus schauen durch die gegenwärtig Versammelten hindurch in ferne Zukunft und erblikken die Not, den Hunger der darbenden Seelen.

Alle

»Es sprach der Geist: Sieh auf! Es war im Traume.
Ich hob den Blick. In lichtem Wolkenraume
Sah ich den Herrn das Brot den Zwölfen brechen
Und ahnungsvolle Liebesworte sprechen.
Weit über ihre Häupter lud die Erde
Er ein mit allumarmender Gebärde.

Es sprach der Geist: Sieh auf! Ein Linnen schweben
Sah ich und vielen schon das Mahl gegeben,
Da breiteten sich unter tausend Händen
Die Tische, doch verdämmerten die Enden
In grauen Nebel, drin auf bleichen Stufen
Kummergestalten saßen, ungerufen.

Es sprach der Geist: Sieh auf! Die Luft umblaute
Ein unermeßlich Mahl, soweit ich schaute,
Da sprangen reich die Brunnen auf des Lebens,
Da streckte keine Schale sich vergebens,
Da lag das ganze Volk auf vollen Garben,
Kein Platz war leer, und keiner durfte darben.«

C.F. Meyer

Das Zeit und Raum umspannende geistig-seelische Geschehen könnte nicht klassischer ausgesprochen werden. Die Zahl 5000 will nicht zahlenmäßig registriert werden, sie ist vielmehr eine geistige Ordnungsmacht. »Tausend Jahre sind vor dir, o Herr, ein Tag.« Fünf Weltentage, fünf Äonen!
Wer sich mit der Geisteswissenschaft Rudolf Steiners

vertraut gemacht hat, dem ist die rhythmische Gliederung der Zeit nach dem Untergang der Atlantis in Kulturepochen bekannt, demzufolge wir heute in der 5. Kulturepoche leben. Die sich hinzudrängenden »Kummergestalten«, die C. F. Meyer schildert, sind Menschen dieser 5. Kulturepoche, sind wir selbst, die das Auge des Weltenherrn erschaut. Die ganze Erde ist eingeladen mit »allumarmender Gebärde« zu dieser Speisung.

»Gebt ihr ihnen zu essen.« Da taucht aus den Zeitentiefen das hohepriesterliche Urbild des Melchisedek auf. Im Hebräerbrief wird Christus als der ewigliche Hohepriester genannt nach der Ordnung des Melchisedek, »der ein König des Friedens war, ohne Vater, ohne Mutter, ohne Geschlecht, hat weder Anfang der Tage noch Ende des Lebens, er ist verglichen dem Sohn Gottes, und bleibt Priester in Ewigkeit«. Von ihm empfing Abraham Brot und Wein.

Was sich da abspielt in der Passahzeit auf dem Berge zwischen Christus und seinen Jüngern, das ist umgeben von der priesterlichen Aura, in der sich die Begabung der Apostel mit göttlicher Vollmacht vollzieht.

Dieses Mahl umfaßt Himmel und Erde; darum vermag es den Leib und die Seele zu sättigen. Brot und Tisch werden zu Trägern von Sternenkräften. – Auf Patmos hat Johannes den Kyrios geschaut, der die Sterne in seiner rechten Hand trägt und in alle Zukunft hinein diese geistigen Sternenkräfte mit der Erdensubstanz am Altar verbinden will.

Was sich im Frühjahr des Jahres 32 in der abgeschiedenen Herausgehobenheit eines galiläischen Berges vollzieht im Übergang vom Tage zur Nacht, wenn sich im Osten Spica (d. h. Ähre) in der Jungfrau über den Horizont erhebt und sich im Westen die blasse Spur der Fische über den Himmel zeichnet, ist im Ätherischen das erste Hereinleuchten des Abendmahlsmysteriums aus dem Kosmos, das sich dann ein Jahr später voll im Irdischen inkarniert.
Wir verzichten hier bewußt darauf, dieses geheimnisträchtige »Zeichen« auszudeuten. (Bei Rudolf Steiner in den Zyklen über das Johannes-Evangelium und in den Büchern von Prof. H. Beckh finden sich ausführliche Angaben, ebenso in den Evangelienbetrachtungen von E. Bock.) – Einen Moment jedoch sollten wir dabei verweilen, wie Christus die Jünger in den wunderbaren Speisungsvorgang einbezieht, indem er sie befragt, woher denn Brot für die Stillung des Hungers zu nehmen sei. Das Gewahrwerden des Hungers muß sich vertiefen in die notgeborene Frage, erst dann wird das Auge in die Richtung gelenkt, aus der sich Hilfe schenken kann. Andreas sieht plötzlich ein Kind, das Brote und Fische herzuträgt. Was hat es mit diesem Knaben auf sich? Ohne etwas in ein Dogma pressen zu wollen, so könnte sich der meditativen Beschäftigung mit dieser Szene doch vielleicht ein ahnender Hinweis ergeben, daß es sich möglicherweise um den verjüngten Genius des enthaupteten Johannes des Täufers handelt (s. S. 144), der aus den Sternenwelten die himmlische

Speise herniederträgt, die Brot für die Seele werden kann, nachdem der Christus sich segnend damit verbunden hat. –

Bis in das 13./14. Jahrhundert hinein war den Menschen eine solche Anschauung keineswegs fremd, konnte man immer wieder Spuren finden, die von dem Ineinanderweben der Sternenkräfte mit der Stoffeswelt wußten, was wir uns heute mühsam wieder erringen müssen. Da sieht man im Museum in Barcelona ein Altargemälde, das Abendmahl darstellend. Auf dem Tisch: Brot und Wein und Fische. Hinter dem Christus und seinen Jüngern spannt sich der Sternenhimmel. Während die eine Hand des Meisters sich in diesen bestirnten Raum streckt, leitet die andere gewissermaßen diesen Himmelsstrom in den Kelch.

»Die Sternwelt wird zerfließen
zu goldenem Lebenswein,
wir werden sie genießen
und lichte Sterne sein.«

Novalis

Dieser Speisungsstrom geht nicht zur Neige. Er ist unversieglich. Zwölf Körbe bleiben übrig. Die Fülle, das Pleroma der hierarchischen Kräfte, wie sie durch die Zwölfheit des Tierkreises wirken, ist unerschöpflich.

Das Johannes-Evangelium schildert nicht nur die Speisung, sondern führt die Jünger am folgenden Tag in die Hintergründe des nährenden Wortstromes ein. Das einmalig Wunderhafte wird sofort hinweggewischt durch den Anruf: »Wirket Speise, die nicht vergänglich ist.« Nicht durch ein Glaubensbekenntnis manifestiert sich der Christ, sondern dadurch, daß seine Wesensausstrahlung nährend wird. Wir Menschen zehren so leicht aneinander, wir sollen aber uns gegenseitig durch unser Dasein aufbauen und nähren. Wir lernen es, wenn wir Den suchen und uns mit ihm verbinden, der gesagt hat: »Ich Bin das Brot des Lebens.« In dem Ich des Gottessohnes, der von der Sonne herabgestiegen ist zur Erde, sammeln sich die nährenden Sternenkräfte. Er gibt sich uns hin – zur Speise.

Der Mensch lebt wirklich nicht vom Brot allein – das braucht unser Leib – die Seele jedoch lebt vom Wort. Das mag das Wort eines Menschen sein, an das man sich hält, das einen aufrichtet und stärkt. Und das ist vor allem das göttliche Wort, dem unsere Seele entstammt, dem heilende Kraft innewohnt. Das wußte jener Hauptmann von Kapernaum, der bei dem Christus Hilfe suchte für seinen kranken Sohn. »Sprich nur ein Wort, so wird mein Kind gesund« (Matth. 8).

Der Logos, das göttliche Schöpferwort, das alles erschaffen hat, ist Mensch geworden, hat sich eingesargt in die Materie, das Fleisch. (Logos sarx egéneto, Joh. 1.) Einmal soll alles wieder Wort werden. Wir beginnen damit, es zu entziffern, wenn wir die Idee in der Wirklichkeit suchen, das Urbild hinter dem Vorhang der flüchtigen Erscheinung, dem Stummen Sprache geben in uns selbst.

Die Seele müßte eingehen, verkümmern, wenn sie aus dieser Welt des Wortes ausgeschlossen würde. Das ist ihr Brot. So wie jene Kinder starben, die Kaiser Friedrich II. einstens, auf der Suche nach der Ursprache, auf einer Insel aufziehen ließ, mit Speise und Trank wohl versehen – aber ohne daß ein Wort in ihrer Nähe gesprochen wurde. Sie starben.

Um das Mysterium des nährenden Wortes kreist die Rede des Christus im 6. Kapitel des Johannes-Evangeliums. – Wie eine ferne Erinnerung dämmert es in den Menschen auf, als Christus davon spricht, daß wir selbst Speise – Brot – werden sollen. »Unsere Väter haben Manna gegessen in der Wüste, wie geschrieben steht: er gab ihnen Brot vom Himmel zu essen.« Nun verdichten sich die Aussagen des Christus: Es ist, als wohne man der Leibwerdung des Wortes selber bei:

Vers 33:

»... das ist das Brot Gottes, das vom Himmel kommt«.

Vers 35:

»Ich bin das Brot des Lebens, wer zu mir kommt, den wird nicht hungern; wer an mich glaubt, den wird nimmermehr dürsten...«

Vers 51:

»Ich bin das lebendige Brot, das vom Himmel kommt. Wer von dem Brot ißt, der wird leben in Ewigkeit. Und das Brot, das Ich ihm geben werde, ist mein

Fleisch, welches Ich geben werde für das Leben der Welt... werdet ihr nicht essen das Fleisch des Menschensohnes, und trinken sein Blut, so habt ihr kein Leben in euch.«

Vers 56:

»Wer mein Fleisch isset und trinket mein Blut, der bleibt in mir und Ich in ihm...«

Vers 57:

»Wer *mich* isset, der wird leben um meinetwillen.«

Wohl ist das eine »harte Rede«, an der sich die Geister scheiden. Aber Petrus erlebt daran, daß diese Worte ewiges Leben sind; sie erwecken in ihm den Willen zur Nachfolge und öffnen, wenn auch erst vorübergehend, die Augen für das wahre Wesen dessen, der da zu ihnen spricht: »Herr, du hast Worte des ewigen Lebens; wir haben geglaubt und erkannt, daß du bist Christus, der Sohn des lebendigen Gottes« (Vers 68).
Es gibt keinen weiseren Ausleger der christlichen Mysterien als Novalis, der etwas gewußt hat vom Geheimnis der Vervielfältigung der ätherischen Leiblichkeit des Christus und darum von der »Allfähigkeit alles Irdischen, Wein und Brot des ewigen Lebens zu sein«, sprechen konnte. Er hat in seiner Abendmahlshymne in einer Kühnheit, die nur die absolute Gewißheit verleiht, Aussagen gemacht, die der unmittelbaren Christusnähe entspringen.

»Des Abendmahls
Göttliche Bedeutung
Ist den irdischen Sinnen Rätsel;

...

Wem das Auge aufging,
Daß er des Himmels
Unergründliche Tiefe maß,
Wird essen von seinem Leibe
Und trinken von seinem Blute
Ewiglich.
Wer hat des irdischen Leibes
Hohen Sinn erraten?
Wer kann sagen,
Daß er das Blut versteht?
Einst ist alles Leib,
Ein Leib,

...

Hätten die Nüchternen
Einmal gekostet,
Alles verließen sie,
Und setzten sich zu uns
An den Tisch der Sehnsucht,
Der nie leer wird.
Sie erkennten der Liebe
Unendliche Fülle,
Und priesen die Nahrung
Von Leib und Blut.«

Abendmahl (Ausschnitt)
Surignerola, 13.–14. Jh.

Auferweckung des Lazarus
Giotto, um 1300

Das siebente Zeichen – Auferweckung des Lazarus

Die Tiefwinterzeit ist vorüber. »Hütet euch vor dem Bösen«, – dieses uralte Mysterienwort stand wie ein Siegel über den Geschehnissen des Tempelweihfestes, das im 10. Kapitel geschildert wird. Die Bezeugung »Ich und der Vater sind eins« hatte den blindwütigen Haß heraufbeschworen. »Da suchten die Juden ihn abermals zu steinigen.« Als sie ihn greifen wollen, ihn, der es wagt, die Menschen an ihren göttlichen Ursprung zu erinnern: »Ihr seid Götter« – da »entging er ihnen aus ihren Händen«. Seine Stunde ist noch nicht gekommen.

Vor dem letzten Hinaufziehen nach Jerusalem zum Vollzug der selbstgewählten Tat, kehrt Christus an den Ausgangspunkt seines Erdenwirkens zurück. Er steigt wieder herab zur Taufstelle am Jordan, der tiefsten Erdenschrunde. Was nun zu vollbringen ist, erheischt die Sammlung aller göttlichen und menschlichen Kräfte.

Bevor im Mysterium von Golgatha die Macht des Todes über die Menschenseelen endgültig überwunden wird, ist ein Vorhof zu durchschreiten: Die Seele des Jüngers, den der Herr liebhatte, mußte aus dem Mysterienschlaf erweckt, von der Schwelle des Todes zurückgerufen werden.

Wir wollen das Geheimnis, das diesen Jünger umgibt, noch ein wenig zurückstellen. Nur so viel: der Bruder von Maria und Martha, in deren Hause Jesus oftmals ein- und ausgegangen war, stand in einem besonderen Verhältnis zu Christus. Vielleicht ist die Meinung zutreffend, die in ihm den »reichen Jüngling« erkennen will, von dem die anderen Evangelien erzählen und von dem Markus sogar sagt, daß Jesus ihn ansah und ihn liebte. Nicht nur in äußerem Sinne wird er reich gewesen sein, er war ja auch ein Oberster bei den Juden. Eine reiche Menschenseele, begabt mit äußeren und inneren Gütern, treu und erprobt in der Befolgung der jüdischen Gesetze. Warum genügt ihm das nicht? Was läßt ihn erkennen, daß da jemand über die Erde geht, der mit seinem Wesen in die Himmel ragt? Daß es etwas gibt, das die Erfüllung des Gesetzes übersteigt? Daß die Selbstvervollkommnung nicht reicht? – Rätselschwer ist ja auch die Antwort des Christus: »Verkaufe alles, was du hast und schenke es den Armen und komm und folge mir nach.« Werde arm! Gehe durch das Nadelöhr! Nimmt es uns wunder, daß diese reiche Seele zunächst vom Mantel der Traurigkeit eingehüllt wird?

Die Nachfolge Christi meint nicht nur die Annahme von Glaubenssätzen – sie erfordert Verwandlung. »Wer mir will nachfolgen, der verleugne sich selbst und nehme sein Kreuz auf sich...« (Matth. 16).

Warum muß das sein, daß der Jünger durch den Nullpunkt gehen muß, daß sein Weg auch – der Kreuzweg ist?

»Nicht ich, sondern der Christus in mir« (Gal. 2) – soll

das nicht nur ein Wort sein, ein Gefühl, dann ist es ein Prozeß der Entäußerung, des langsamen Sterbens. Damit ist keine mittelalterliche Askese gemeint! Das ist ein innerer Prozeß der Verwandlung aus der Kraft des Ich. Die Meinungen, die Urteile, sie müssen schweigsam werden, zurückstehen auch oder gerade, wenn du recht hast! Laß dein Recht zerbrechen! Deine Seele, sie wird einsam unter den Menschen, sie wird verletzt, gekränkt. Die Tränen dürfen dir nicht die Sicht nehmen für den anderen. Die Wunde muß leuchtend werden, sich zum Auge bilden.

Dein Wille, der so hochgespannte, weite Ziele erstrebende, auch er wird zerbrochen. »Der Himmel übt an dir Zerbrechen, du bist in der Gnade« (Nelly Sachs). Wehre dich nicht, verstumme! Geh ein in den Stein, in das Grab. Es ist richtig so. Dich selbst, mit deinen Begabungen, Fähigkeiten, dem Glanz deines Wesens, kann der Christus nicht gebrauchen. Das Geniale ist ein Geschenk Luzifers. Es ist in Ordnung, wenn mein Reichtum mir genommen wird. Es ist gut, wenn ich verstumme – erst dann kann ich lauschen auf sein Wort. Es ist gut, wenn ich blind werde, erst dann kann ich Ihn sehen. Es ist gut, wenn ich verlösche, erst dann kann Er leuchten. – Gehe ruhig in das Grab, der ist bei dir, der den Schlüssel zum Reich des Todes und der Hölle hat.

Diese Stufen der Ent-werdung wurde der Schüler in den alten Mysterien durch viele Vorbereitungen vom Mystagogen geführt, bis er so weit war, in den dreitägi-

gen Einweihungsschlaf versenkt zu werden, der ihn an die Grenze der Geisteswelt brachte. Dann wurde seine Seele nach drei Tagen wieder in den Leib zurückgerufen, bevor »die Fessel der Geburt« zerriß, damit er nun mit der gewonnenen Ein-Sicht als ein Wissender das Leben der Menschen führen und begleiten konnte.
In allen alten Kulturen gab es diese Einweihungszeremonien, die jedoch streng geheim waren. Auf ihren Verrat stand der Tod. Jetzt aber wurde erstmals ein Mensch durch eine schicksalhafte Begegnung die Pfade der Läuterung geführt, die ihn bis an die Todesschwelle führten. Und Christus tritt in aller Öffentlichkeit als der Hierophant auf. Daraufhin mußte die Verfolgung einsetzen.
Jetzt können wir anfangen zu begreifen, warum Christus in aller Gelassenheit noch verweilen konnte bei der Nachricht von der Erkrankung dessen, den er liebhatte. Er wußte um die Notwendigkeit dieses dreitägigen Entrücktseins, kannte auch genau den Zeitpunkt, wann er zurückzuholen war. Aber als er dann vor das Felsengrab hintritt und die Vollmacht des Logos in das herandrängende Schattensein sendet, indem er den uralten Erweckungsruf ertönen läßt: »Lazarus, komm heraus«, da durchbebt eine gewaltige Erschütterung sein ganzes Wesensgefüge, als wolle es ihn selber schon zum Tode vorbereiten.
So, als Einweihungsritus, hat man in urchristlichen Zeiten, vor allem in den Katakomben, diese Szene dargestellt: Lazarus, von Binden ganz umwickelt, gleich

einer Schmetterlingspuppe, in der Felsenkammer stehend. Davor der Christus mit dem Hierophantenstab, den Stein berührend.
Der also Erweckte ist ein anderer Mensch geworden. Er weiß um das Geheimnis des Stirb und Werde, ohne das man nicht ein Jünger des Christus werden kann. Das große Wunder der Lebensverwandlung geschieht: »Der neue Mensch, der vom Wort durchdrungene Mensch, wird geboren« (Rudolf Steiner). Die Erfahrung seiner Seele, daß der Tod keine Gewalt mehr über sie hatte, die Erfahrung der Unsterblichkeit gab seinen Schritten auf der Erde eine neue Sicherheit. Die Kraft des Logos war in ihn eingezogen. So konnte er am Kreuz ausharren, als alle anderen Jünger flohen.
Das Geheimnis der Wiedergeburt machte aus Lazarus einen neuen Menschen – Johannes (vgl. S. 145).
Schauen wir noch einmal auf die sieben Zeichen zurück. Das erste, die Verwandlung von Wasser in Wein, offenbarte die Vollmacht des Logos, des Schöpfergeistes, im Bereich der Elemente. Das zweite und dritte Zeichen zeigt ihn als Heiler, dem die Krankheitsdämonen untertan sind. In der Speisung der Fünftausend steigert sich die von ihm ausstrahlende Geisteskraft – Sein Wort wird Brot, bis in ferne Zukunft hineinwirkend. In der folgenden Nacht erfahren die Jünger auf dem See, wie die Christuskraft sich aus den Grenzen der auf den Ort beschränkenden Leiblichkeit zu lösen vermag. Bei der Heilung des Blindgeborenen springt ein Funke des göttlichen Ich in die Persönlich-

keit des anderen über. Die Augenöffnung dokumentiert die Erweckung des göttlichen Ich in ihm. Bis schließlich die Auferweckung des Lazarus das Christentum als die Erfüllung der Mysterienreligionen offenbart: das Geheimnis der inneren Wiedergeburt aus dem Stirb und Werde heraus ist das Grundprinzip dieser Religion.

Lazarus

So gehalten sein
im Hinschwinden
von den Räumen
der Schwinge des Adlers
um so reinweiß
aus der Grabtür zu treten –

Sich im Herzen der
Zeit
– Rufer und Gerufener –
so inniglich zu finden

wo Flammenzeichen
schriftreif
des neuen Namens
harren.

Lichtspindel

so demütig umwunden
vom Grabtuch
einer welken Welt.

Eingerollt, umgeschmolzen
das Pergament
und um den Fruchtstand
immer reineren Nichtseins
gelegt:

Jedes Samenkorn
das im Frühlicht reift
kennt seinen Weg
zur Frucht

doch keines erreicht
den Bogen des Adlers
es sei denn
über die Pforte
durchs Kreuz.

Senta Gamerdinger

Die Gespräche

Nikodemus

»Meine Heimat ist das Wort.« Dieser Ausspruch der jüdischen Dichterin Nelly Sachs im Exil hat überpersönliche, zeitlose Gültigkeit. Ausgeschlossen aus der Sphäre des Logos, müßten unsere Seelen ersterben. Darum brauchen wir Menschen das Gespräch. Damit ist keine bloße Information gemeint, sondern der lebendige Wesensaustausch. Wir dürfen uns einander mit-teilen und erfahren dadurch eine Überhöhung unserer selbst. »Erquicklicher als das Licht«, nannte Goethe das Gespräch, wo im wechselseitigen Geben und Nehmen, im gemeinsamen Lauschen ein neuer Funken einschlägt.

Das Johannes-Evangelium berichtet von zwei Gesprächen, in denen etwas Urbildhaftes aufleuchtet.

In der Nacht, im verborgenen, sucht der Ratsherr und Pharisäer Nikodemus den Christus auf in Jerusalem. »Meister, wir wissen, daß du als ein Lehrer von Gott gekommen bist« (Joh. 3). Die Anerkennung des anderen erbildet den Grund, auf dem weitergebaut werden kann. Aber diese Anerkennung ist keine bloße Feststellung, in ihr drückt sich vielmehr die Sehnsucht aus, von dem Weiseren lernen zu dürfen. Darum kann Christus unmittelbar auf die innere Frage, die unausgesprochen mitschwingt, eingehen. Man muß von neuem geboren werden, wenn man das Reich Gottes schauen will. Nikodemus tut den Schritt auf die höhere Ebene. Er zweifelt nicht, wehrt nicht ab, seine Seele ist Ohr für das unerhört Neue und insgeheim Gesuchte. Sachliche Frage nach dem Vollzug. – Wie kann das geschehen...? Die Antwort Christi schiebt wieder einen Vorhang beiseite: »Ihr müßt von neuem geboren werden« (Joh. 3). Das innerste Mysterium des Christ-Werdens, das Geheimnis der Wiedergeburt – noch deutlicher tritt es hervor.

»Hörst Nikodeme, du den Schöpfergeist, der mächtig weht und seine Welt erneut?« (C. F. Meyer).

Aus den Kräften des Vatergottes wird der Mensch leiblich geboren. Da walten unerbittliche Gesetze, nach denen wir antreten. Wir müssen uns annehmen lernen. Aber dem Menschen ist durch Christus die Vollmacht zuteil geworden, im Laufe seines Lebens einen neuen Menschen aus sich zu gebären »und umzuschaffen das Geschaffene damit sich's nicht zum Starren waffne...« (Goethe).

Die Verwandlung als höchstes menschliches Bilde-Gesetz wird sichtbar. In der Natur vollziehen sich die Metamorphosen »von selbst«. Der Mensch aber darf in Freiheit in den Werdestrom der Erneuerung eintauchen.

Noch einmal die Frage des Lauschenden, die dem Christus ermöglicht, wieder eine höhere Ebene zu beschreiben. »Wie mag das zugehen?« Auf Moses weisend, der in der Wüste die Schlange erhöhte, als Zeichen der Heilung, spricht Christus nun von der Erhöhung des Menschensohnes. Wann wird sie sich vollziehen? Auf Golgatha – am Kreuz. Das Stirb und Werde als inneres Werkzeug der Wiedergeburt. Das alles erscheint auf dem Hintergrund der höchsten Gottesliebe zu den Menschen.

Diese Wiedergeburt jedoch ist kein einmaliger Bekehrungsakt, sie meint eine geduldige Arbeit, in der im täglichen Rhythmus der Meißelschlag neu ausgeführt wird. – Wahrhaftig ein Mysteriengespräch. Ein Geist, der fragt und in hingebungsvollem Lauschen dem Gott ermöglicht, sich zu offenbaren. Nikodemus ist nicht mehr derselbe nach diesem nächtlichen Gespräch. So wird er zusammen mit Joseph von Arimathia den Leichnam Jesu Christi salben und ihn in das Grab der Erde betten.

Die Samariterin am Brunnen

Auf der Wanderung von Judäa nach Galiläa zieht Christus durch Samaria, dieses Gebiet, das während der assyrischen Gefangenschaft mit fremden Volksstämmen besiedelt wurde, die ihre alten Kulte mitbrachten, zum Beispiel auch den dekadent gewordenen Astarte-Kult. Darum die grenzenlose Verachtung der strenggläubigen Juden gegenüber den Samaritern.

Jesus hält Rast in Sichar, d.h.: versiegt! Die alten Offenbarungsquellen sind eben versiegt. – Es ist mittags um die sechste Stunde. Das wird einmal die Stunde

seines Sterbens sein, in welcher der Gekreuzigte bitten wird: »Mich dürstet.« – Jetzt sitzt er am Brunnen Jakobs und bittet eine Frau um einen Trunk Wasser. Daß es sich nicht um irgendeine Frau handelt, sondern um eine Wissende, wird im Verlauf des Gespräches deutlich. Wieder werden im Hin und Her von Frage und Antwort Welten durchmessen, und wieder gilt es, auf die Zwischenräume zu horchen. Mögen wir uns bei der ersten Bitte Jesu und der erstaunten Antwort der Frau noch auf der physischen Ebene befinden, so wird schon bei der folgenden Antwort des Christus ein anderer Seinsbereich eröffnet. Der Bittende zeigt sich als der Spendende, und das Element des Wassers wird durchsichtig für den ätherischen Lebensbereich, der Quellgründe erschließt in demjenigen, der sich damit berührt.
Dämmert da eine leise Ahnung auf, ein tastendes Begreifen, daß dieser Mensch, der vor ihr steht, das Menschsein bei weitem übersteigt? Das Fragen mündet in die Bitte ein, teilhaben zu dürfen am Wasser des Lebens. – Das ermöglicht wiederum eine völlig neue Schicht im Gespräch. Die Worte weben in tiefer Rätselhaftigkeit. Es ist ausgeschlossen, daß das Gespräch nun wieder auf die Ebene moralischer Beurteilungen heruntersinken könnte.
Weil diese Frau die entscheidenden Fragen gestellt, die Bitte um Teilhabe ausgesprochen hat, kann ihr nun der Christus zum Ratgeber werden auf ihren geistigen Wegen.

Was hat es mit den fünf Männern auf sich? Wir wollen hier das Geheimnis nicht ausdeuten, nur Hinweise geben. Jeder Mensch hat männliche und weibliche Kräfte in sich. Bei der Frau überwiegen die geistoffenen Seelenkräfte; die Männer sind stärker im Willen, der den Geist verkörpert im Irdischen. Novalis hat es in klassischer Weise ausgedrückt: »Reine Willenskraft, ohne alles Gewicht von raffinierten Gefühlen, ist das, wodurch wir einzig leben und handeln können. Sie ist das Element des Mannes...« Gerade das weibliche Wesen muß diese männliche Willenskraft ständig neu in sich erwecken, damit sie voll menschlich werde. – Das hat auch Meister Eckehart im 13. Jahrhundert erkannt, als er sich mit diesem Gespräch beschäftigte. Er fügte noch hinzu, daß diese innere Vermählung in vorchristlicher Zeit geschehen konnte, indem man die fünf Sinne zu Toren werden ließ, durch die man den Geist in allen Sinneserscheinungen wahrnehmen und sich mit ihm verbinden konnte. – Die Götter sind jedoch weitergegangen: Jetzt ist das Innere des Menschen ihr Offenbarungsfeld geworden. Auf diesem Wege war die jüdische Religion schon einen großen Schritt voraus.

Nicht mehr auf den Bergen, in den Naturkulten ist Gott zu finden, aber auch nicht mehr allein im Tempel in Jerusalem – »Gott ist Geist, und die ihn anbeten, müssen ihn im Geist und in der Wahrheit anbeten« (Joh. 4).

Da blüht die Ahnung in der Seele der Frau auf, daß der,

der sie so lehrt und führt, der Messias sei. Und diese Ahnung wird bekräftigt durch das Ich Bin des Christus. Nicht nur im Innersten durchschaut und verstanden fühlt sich die Frau, vielmehr findet sie in diesem Gespräch die höchste Erfüllung ihres geistigen Suchens.

Als sie ins Dorf geht mit den Worten: »Kommt, sehet einen Menschen, der mit gesagt hat alles, was ich getan habe, ob er nicht Christus sei«, – da wird deutlich, daß dieses Gespräch nicht nur Wesensaustausch war, vielmehr Wesenserhöhung, eine Neugeburt der Seele aus dem Wort. Belehrung wurde Erhellung, Erleuchtung. In den durch Suchen und Fragen aufgebrochenen Seelengrund konnte sich der Same des ICH einsenken.

Will das nicht jedes echte Gespräch, daß wir im gegenseitigen Lauschen den Zwischenraum bilden, in den sich Neues einsenken kann? Daß wir einander zu Geburtshelfern für das höhere Ich werden?

Die Passion

Die Passion des Christuslebens

Jeder Mensch hat seine persönlichen Gedenktage der Freuden und Leiden in seinem Leben. Der Schatz der Erinnerungen bildet den Reichtum einer Biographie. Und aus der treulich geübten Gedächtniskraft erwächst der Mut für die Zukunft. »Nur der rückwärts gekehrte Blick dringt vorwärts« (Novalis).

Es gibt auch Menschheits-Gedenktage, die das Leben der ganzen Menschheit gewichtig und reich machen können. Wollten wir sie vergessen, so würde eine Kraft in uns schwinden. Der Rückblick auf sie läßt Trage-Mut für die Zukunft keimen. Die Tage der Karwoche gehören zum kostbarsten Gut der Menschengeschichte, die, alljährlich neu er-innert, zu einem Quell des Segens werden können.

Was vor zweitausend Jahren in Jerusalem geschah, war nicht etwa der Triumph von Menschenhaß und Willkür, die waren nur Werkzeug. Auf Golgatha vollzog sich vielmehr des Christus eigener Wille, in Urzeiten begründet, sein Entschluß: sich dem Menschenschicksal zu verbünden bis in Not und Tod hinab.

Das Johannes-Evangelium ist ganz durchfeuert von diesem heiligen Willen des Christus zum Tode hin, um dessen Gewalt über die Seelen zu brechen. Das erste Zeichen, das Johannes schildert, die Verwandlung von

Wasser in Wein bei der Hochzeit zu Kana, steht unter dem Wort: »Meine Stunde ist noch nicht gekommen« (Joh. 2,4). Von da an schwingt im Lesen die Frage mit – wann wird Seine Stunde kommen?
Das Wirken Christi in Jerusalem während des ersten Passah-Festes innerhalb der drei Jahre war so gewaltig, daß viele Menschen bereit waren, ihm zu glauben und zu folgen. »Aber Jesus vertraute sich ihnen nicht an, denn er kannte sie alle« (Joh. 2,24).
In dem mysterienhaften Gespräch mit Nikodemus spricht Christus zum ersten Male von seinem Tod, noch verhüllt, aber doch so, daß der souveräne Entschluß schon klar hervorleuchtet. »Wie Moses in der Wüste eine Schlange erhöhte, also muß des Menschen Sohn erhöht werden« (Joh. 3,14). Wenn man jetzt noch zweifeln könnte, ob wirklich der Tod hier als Erhöhung gemeint ist, so wird dieser Zusammenhang im 8. Kapitel, Vers 28 in unmißverständlicher Weise deutlich. »Da sprach Jesus zu ihnen: Wenn ihr des Menschen Sohn erhöhen werdet, dann werdet ihr erkennen, daß ich bin...«
Im Herbst des Jahres, wieder in Jerusalem, beginnen sich die Verhängnisse schon zu knoten. Nach der Sabbat-Heilung des 38 Jahre Kranken am Teiche Bethestda beginnt die Verfolgung durch die Juden. Sie trachten ihn zu töten.
Aber – seine Stunde ist noch nicht gekommen. Darum verweilt er während des zweiten Passah-Festes in Galiläa. Die Speisungskraft, die von ihm ausströmt, ist so

übermächtig, daß wieder zahllose Menschen ihm folgen und bereit sind, ihn zum König zu erheben. Jesus jedoch entzieht sich der Menge. In der Synagoge zu Kapernaum folgt die wunderbare Rede über das Brot des Lebens, wie eine geistige Vorwegnahme des Abendmahls. Aber auch der Verrat des Judas wird vorausgeschaut (Kap. 6,70). Es waren der Möglichkeiten viele, dem klar gewußten Geschick zu entgehen. Wenn er sie nicht ergriff, so kann das ja nur bedeuten, daß er eben dieses Geschick wollte.

Der zweite Herbst innerhalb der drei Jahre kommt; und die Spannungen werden drohender. Im 7. Kapitel heißt es, daß Jesus nicht nach Jerusalem zum Laubhüttenfest zieht, »darum, daß ihm die Juden nach dem Leben trachteten«. Als er schließlich doch erscheint, ist er von Mauern der Feindseligkeit umstellt. Ein michaelischer Kampf vollzieht sich. Dreimal wird gesagt, daß die Pharisäer und Hohenpriester Knechte aussandten, um den gefangenzunehmen, der furchtlos und in hoheitsvoller Freiheit das Wort sprach; aber niemand konnte Hand an ihn legen, »denn seine Stunde war noch nicht gekommen« (Joh. 7,30,32,44).

Immer schonungsloser wird die Feindschaft im Menscheninnern enthüllt, eisiger wird die Luft. Der da im Tempel lehrt, ist jedoch unangreifbar, »denn seine Stunde war noch nicht gekommen« (8,20). Wohl kann er die Ehebrecherin vor der Steinigung bewahren; aber am Schluß dieser Szene heben sie die Steine gegen ihn selbst auf, doch »er ging mitten durch sie hinweg«.

Altarbild des Klosters von Sigena
Jaume Serra, 14. Jh.

Es wird Winter, der letzte Winter vor Golgatha. In vorchristlichen Zeiten ermahnten die Priester jetzt die Menschen: Hütet euch vor dem Bösen. Und das 10. Kapitel läßt ahnen, wie das Dunkel sich in den Menschen verdichtet. Noch einmal werden Steine gegen Jesus aufgehoben (Vers 31); noch einmal versuchen sie ihn zu greifen, »aber er entging ihnen aus ihren Händen« (Vers 39). Es ist noch nicht an der Zeit! Das 10. Kapitel enthält indessen auch das Königs-Wort, das wie ein Schlüssel für alles ist: »Darum liebt mich mein Vater, weil ich mein Leben hingebe, auf daß ich es wieder nehme. Niemand nimmt es von mir, sondern ich lasse es von mir selber. Ich habe Vollmacht, es zu geben, und habe Vollmacht, es wieder zu nehmen. Solches Gebot habe ich von meinem Vater empfangen« (Vers 17,18).

Das 11. Kapitel bringt mit der Auferweckung des Lazarus den Ratschluß der Hohenpriester und Pharisäer zur Tötung. Jetzt beginnt der Vollzug. Er kündigt sich dadurch an, daß der strenge Ernst in den Worten des Christus langsam weggeschmolzen wird durch die Sonne einer immer stärker werdenden Freude. In Gegenwart von einigen Griechen wird zu den Jüngern der Satz gesprochen, auf den alles bisher gewartet hat: »Die Zeit ist gekommen, daß des Menschen Sohn verklärt werde« (Kap. 12,23).

Die wunderbaren Zeichen, die seine Herrlichkeit offenbaren – sie konnten »Seine Stunde« noch nicht anzeigen. »Seine Stunde« – das ist Golgatha. Und er

allein kann das Siegel von diesem großen Geschehen lösen. Die Stimme des Himmels selbst bekräftigt es, daß die heilige Handlung nun beginnt (Kap. 12,18).
Damit gar kein Zweifel möglich ist, daß mit der Verklärung nichts anderes als der Tod gemeint ist, folgen die Worte vom Weizenkorn, das in der Erde ersterben muß, ehe es Frucht bringen kann.
Unüberhörbar ist der Ton der Freude, der in den Worten schwingt: »Und Ich, wenn ich erhöht werde von der Erde, so will ich sie alle zu mir ziehen. Das sagte er aber zu deuten, welches Todes er sterben würde« (Vers 32,33).
Bevor Christus am Gründonnerstag mit dem Bissen, den er ihm reichte, Judas das Zeichen zum Verrat gab, »ward er betrübt im Geist« (Kap. 13,21). Aber als Judas hinausgegangen war und das Schicksal damit in die selbst erwählte Unabänderlichkeit einmündete, »spricht Jesus: Nun ist des Menschen Sohn verklärt, und Gott ist verklärt in ihm«. Die Abschiedsreden sind dann ganz durchklungen von der ehernen Glocke der Freude: meine Freude – eure Freude! »Solches rede ich zu euch, daß meine Freude in euch bleibe und eure Freude vollkommen werde« (Joh. 15).
So geht Christus in Gethsemane den Häschern entgegen und gibt sich ihnen preis. Jetzt dürfen sie ihn greifen. Die göttliche Liebe wird das Böse überwinden am Kreuz, und das unsterbliche Leben wird siegen über den Tod.
Fortan gibt es keinen Schmerz mehr auf der Erde, und

sei er noch so bitter, in welchem der Mensch den Christus nicht finden könnte als seinen Bruder.
Wir alle ziehen hinauf nach Jerusalem, durch die Schicksalsstationen der Stätte unseres Todes entgegen. Erdenaugen sehen nur die schwarzen Schatten und die bloße Vernichtung. Sollte auch in uns jemand sein, der die Schicksale und den Tod nicht nur passiv erleidet, sondern auf sie zugeht und sie in Freiheit vollzieht? Für den der Tod kein Erlöschen, sondern die Verklärung ist? – Dann finden die Worte Christi aus dem hohepriesterlichen Gebet (Joh. 17,22) ihre Erfüllung: »Ich habe ihnen die Verklärung gegeben, die Du mir gegeben hast, daß sie eines seien, gleichwie wir eines sind. Ich in ihnen und Du in mir.«

Passion

Das ist das Korn
im Gestein
das die Erdfeste dröhnen macht,
im Gefügten Entzweiung weckt

sein Entschluß
zum Keim –

Der Kamm Gottes
kämmt unseren Acker
rein, unsere Wohnungen rein
unsere Leiber rein
daß uns nichts bleibe

als der Kreuzstein
und die einsame Träne –

denn unsere Zeit
ist gekommen.

Laßt uns hinaufgehen
die gerichteten Schmerzfurchen
entlang.

Kreuzwege sind nicht
zum Tausch
wie die Hiebe Bruder
die wir uns schlagen.

Gib
über den Hieben
die Träne mir auch
hinter deinem versteinten Auge
ehe sie überquillt
und sich im Namenlosen
verliert.

In ihr wird das Korn
zum neuen Lied
zur neuen Liebe
Keim.

Laßt uns hinaufgehen.

Den Wein unserer Äcker
werden andere trinken.

Aber unsere Lämmer
weiden bereits
auf der Nachtseite
des Angers
über dem Pochen
unserer versiegten
Wasser.

Die Sonne
wird sie
an ihren Vliesen erkennen
und sie rufen
zu den Zinnen
der Stadt.

Im Widerschein
unserer Wundmale
wird ihr Gold
der Sonne gleich.

Senta Gamerdinger

Palmsonntag

Indem es auf die letzten Ereignisse zugeht, auf die große Woche, nähern wir uns dem innersten Mysterium des Christentums, von dem ein nie versiegender Quell von Kraft ausströmt. Es ist mit nichts anderem zu vergleichen, nicht durch den Verstand zu erklären, es schließt eine neue Welt innerer Erfahrungen auf. Während der Anblick des gewöhnlichen Leides schmerzt und niederdrückt, so wie es sechs Jahrhunderte vor Christi seinen klassischen Ausdruck in den Worten Buddhas gefunden hat: »Krankheit ist Leiden, Tod ist Leiden« usw. – so ist jetzt ein weltgeschichtlicher Umschwung eingetreten, daß der Anblick des göttlichen Leidens zu einer Quelle unbesieglicher Kraft wird. – So seltsam es klingt: die immer unmenschlicher werdende Welt braucht das Leid als Ausgleich, damit der Mensch sein Maß, seine Würde nicht verliere. Und im Anblick der freiwillig erlittenen göttlichen Passion fließt uns die Kraft zu, daß wir uns mit den Leidensstufen des eigenen Schicksals identifizieren, daß wir sie bejahen. –

Aber die Vertiefung in das göttliche Leiden erzeugt noch etwas anderes: Wir sehen auf dem Grunde dieses Leidens nicht etwa Trauer, Verbitterung oder etwas Ähnliches, sondern der Urgrund dieses Leidens ist lauteres Gold, ist Liebe. Ja, die Wundmale werden strahlend, das hinabströmende Blut beginnt zu leuchten, überträgt Kraft und Zuspruch auf uns. Wenn das anfängt, menschliche Erfahrung zu werden, dann erwacht langsam das Auge für die beginnende Verklärung der Erde – durch alle Zerstörung hindurch.

Wie schildert Johannes den Palmsonntag? Von Bethanien her, wo Christus den Lazarus auferweckt hat, zieht er nach Jerusalem hinauf den schmalen, steinigen Saumpfad zum Ölberg, vorbei an Bethphage mit seinem Hain voller Feigenbäume. Dort wird ihm das Eselsfüllen zugeführt, die Menschen streuen Palmzweige auf den Weg, rufen Hosiannah, und alle, die bei

der Auferweckung des Lazarus zugegen waren, ziehen vor ihm her und rühmen die Tat. Was ist das für eine plötzliche Klarsicht, die alle erfüllt? Zwischen den Pilgern sind Griechen, die sich an Philippus mit der Bitte wenden: »Herr, wir wollten Jesum gern sehen« (Joh. 12). Der eingeschränkte Volkskreis bricht auf: Das ist der Augenblick, da Jesus sagt: »Die Zeit ist gekommen, daß des Menschen Sohn verklärt werde.« Die Schwärze der Gethsemanenacht schattet in das Schaumgekräusel der Menschenfreudigkeit herein. »Jetzt ist meine Seele betrübt. Was soll ich sagen: Vater hilf mir aus dieser Stunde? Doch darum bin ich in diese Stunde gekommen – von Urzeiten her – um die Macht des Todes über die Seelen zu brechen.« Und als er ausruft: »Vater, verkläre deinen Namen«, da geht ein Erbeben durch die Elemente, es donnert. Einige sind da, die vernehmen, daß das Grollen der Elemente nur die Lauthülsen sind, durch die hindurch ein Engel die Antwort des Vatergrundes offenbaren kann: »Ich habe ihn verklärt und will ihn abermals verklären.«
So schildert Johannes den Palmsonntag. Nicht nur die unwissenden Menschen jubeln – der Himmel bestätigt, daß Seine Stunde gekommen ist, durch den Aufruhr der Elemente, in dem die Engel das Wort des Vaters hörbar machen.

Gründonnerstag

Die Geschehnisse der letzten Woche haben der ganzen Menschheitsgeschichte eine Wende gegeben. Göttli-

ches Schicksal hat sich mit dem menschlichen Schicksal verbunden.
Wir wissen aus dem menschlichen Bereich, daß es eine schwere Schädigung für eine Persönlichkeit bedeutet, wenn durch Gedächtnisausfälle der Zusammenhang der Biographie unterbrochen wird, wenn da plötzlich ein Spalt klafft – unüberbrückbar. So wäre es ein Schaden für die Gesamtmenschheit, wenn die Erinnerung an die wichtigsten Ereignisse verlöschte, weggesogen vom Schlund des Abgrunds.

»Es ist die Menschheit
Im Vergessen an das Gottes-Innere,
Wir aber wollen es nehmen
In des Bewußtseins helles Licht,
Und dann tragen über Schutt und Asche
Der Götter Flamme im Menschenherzen.«

Rudolf Steiner

Der letzte Abend, den Jesus Christus auf Erden lebt, trägt sein besonderes Siegel durch das dichte Nebeneinander von Frieden und Kampf, Liebe und Haß, Licht und Finsternis. Das Coenaculum, der Abendmahlssaal im Hause der Essäer, in dem sich Heiligstes vollzieht, befindet sich neben dem Palast des Hohepriesters Kaiphas, wo der schwarze Untergang gesponnen wird.
Johannes liegt an der Brust Jesu, neigt sein Ohr zum Herzen des Christus und fängt den Liebestrom des Logos auf. Gegenüber, an der gleichen Tafel sitzt Judas, dessen Hand den Beutel umklammert hält.

Dann beginnt das mächtige Verströmen seiner Lebenskräfte – so wie er es schon im Winter, auf dem Tempelweihfest in Jerusalem angekündigt hatte. »Niemand nimmt mir mein Leben, ich selber gebe es frei dahin« (Joh. 10).

Der erste Akt des heiligen Dramas hebt an: Die Fußwaschung wird vollzogen, die Tat der ehrfurchtsvollen Demut. Paulus hat das, was die Handlung ausdrückt, am reinsten ins Wort gebracht (Phil. 2).

Unsere Füße tragen uns über die Erde, jeden an einen anderen Ort. Sie haben ein eigenes, schicksalkundiges Wissen – unsere Füße.

Im Augenblick des Geschehens begreifen die Jünger es nicht – es ist für später. Die Glocke muß erst die Schicksalsstunde anschlagen, bis der schlafende Sinn aufgeht. So schreibt die Jüdin Maria Krehbiel aus dem französischen Konzentrationslager: »Wir müssen alle unser Schicksal bejahen. Und es gehen. Und das Schicksal verlangt starke Füße. Doch galt den Füßen, ihrer Weihe, ja ein Sakrament. Und also: können wir es, das Gehen.«

Daß wir unseren Weg über die Erde gehen, behutsam, als solche, auf deren Spuren Leben wächst, und nicht als Herrschende, unter deren Füßen Lebendiges zertreten wird, darum umspült der Läuterungsstrom der Demut unsere Füße.

Der bewundernde Aufblick zu den Höhen war durch Generationen erübt. Der Wegbereiter und Freund des Christus hatte den Blick der Menschen erstmals auf das

Nebeneinander zu lenken gesucht. »Unter Menschen muß man Gott suchen« (Novalis) – ich muß den ja erst bemerken, der keinen Mantel hat, damit ich teilen kann. Nun schimmert wie durch Wasserfluten das Gestade der Welt unter uns auf – die Erde. Sein Leib, den wir mit Füßen treten.

Dann vollzieht sich der nächste Schritt der Ent-Äußerung. Christus nimmt Brot und Wein, die Gaben der Erde, seine Seele damit einend. Das griechische Wort, welches hier benützt wird, psyche, umfaßt Seele und Leben zugleich. Der Leib des Erdenmenschen Jesus ist zu klein geworden für das göttliche Leben, die Übergewalt der göttlichen Liebe. Nun strömen sie über in die edelsten Substanzen der Erde: Brot und Wein. Der Leib des Christus wird größer; später nach seiner Auferstehung wird die ganze Erde sein Leib werden. Es beginnt das, was Novalis nannte die Allfähigkeit des Irdischen, sich zum Leib und zum Blut des Christus zu wandeln – wenn Menschen da sind, die Seine Gegenwart durch ihr Gebet herbeirufen.

Ob *ich* den Kultus brauche? Die Frage ist nicht richtig gestellt. Die *Erde* braucht den Kultus – heute dringender denn je.

Es ergießt sich das Geistwesen des Christus in den Wortesstrom, den nur der Jünger erlauscht, der sein Ohr zu seinem Herzen neigt. – Aus dem göttlichen Wort ist die Welt entstanden: »Und Gott sprach...« Dann ist das Wort selbst Fleisch geworden.

Nun hebt die heilige Umkehr an. Das in allen Dingen

verborgene Wort will einst zum Erklingen kommen. Das Fleisch, die Materie will wieder Wort werden.
Diese Abendstunde des Gründonnerstags ist ganz vom Goldglanz der Heiligkeit durchleuchtet, wie eine Vor-Spiegelung fernster Zukünfte. Soll es Wirklichkeit werden, so muß sich zuerst das Mysterium auf Golgatha vollziehen: Es muß erst noch dem Judas der Freiraum zum Handeln gewährt werden.
In der Zwölfheit des Jüngerkreises sehen wir im mikrokosmischen Abbild eine Spiegelung der makrokosmischen Vielfalt, des Pleroma, wie sie im Tierkreis ihren höchsten Ausdruck findet. Dahinein gehört auch der Skorpion. Die Fülle des Menschenmöglichen umschließt auch den Judas.
Bedenken wir es: Auch Judas werden die Füße gewaschen – und Christus wußte wohl, welchen Vorsatz er in seinem Herzen trug – auch Judas empfängt Brot und Wein. Danach fuhr der Satan in ihn. – Immer wieder hat man im Mittelalter diese Szene gemalt und meist den Augenblick festgehalten, in dem Christus sagt: »Einer unter euch wird mich verraten« (Matth. 26). Wie sie alle zusammenfahren, der Schreck sie auseinanderreißt in dem Ausruf: »Herr bin ich's?« In jedem also läge die Möglichkeit des Verrates, in uns allen, da ist keiner ausgenommen. Auch gibt es eine bestimmte Malertradition, die in den Judas einen kleinen schwarzen Teufel einzeichnet, indem er die Hand über den Tisch streckt. »Da fuhr der Satan in ihn.« Das sind höchst reale, uns alle betreffende Vorgänge. Satan

begeht den Verrat, nicht das Ich des Judas, das war längst nicht mehr in ihm; er war außer sich, darum konnte der Satan von ihm Besitz ergreifen. Das ist aber auch der Grund, warum er nicht mehr weiterleben kann, als er wieder zu sich kommt. Weil sein Ich für diese Tat, die weltgeschichtlich notwendig war, nicht voll verantwortlich ist, darum kann dieses Ich in einer nächsten Inkarnation für den Christus zeugen.* »Verdammt in alle Ewigkeit« – das gibt es nicht mehr, seitdem der Sohn Gottes der Herr des Schicksals geworden ist und dem unerbittlichen Gesetz das Walten der Gnade zugefügt hat.

An diesem Abend offenbart sich ein Lebensgesetz, das allgemeine Gültigkeit hat. Wir müssen lernen zu unterscheiden zwischen dem Ich des Menschen und seinen Taten. Ungute Handlungen muß man verurteilen, auch bekämpfen – dem Menschen jedoch muß unsere vermehrte Fürbitte und Hilfe zuwachsen. Für ihn gilt es, den Hoffnungsmantel für die Zukunft zu weben.

Daß die Erlösungstat von Golgatha auch den Judas brauchte und die Offenbarung der göttlichen Liebe erst durch den Verrat bewirkt wurde – es ist und bleibt eines der größten Weltenrätsel, an dem alle Verstandesklugheit zuschanden wird.

Dieses Geheimnis hat den Schriftsteller Laurens van der Post oftmals bewegt; am stärksten wohl in seiner

* Vgl. Rudolf Steiner, Das Markus-Evangelium, GA 139, 2. Vortrag.

Erzählung »Die Saat und der Säer«. Da schildert er einen Menschen, der plötzlich in der Osterzeit in Palästina für einen Augenblick zwischen Wachen und Schlafen wie hellsichtig ist. Die Landschaft wird transparent für die Gegenwärtigkeit des Auferstandenen und einige seiner Jünger. Aber es sind nicht alle – wo ist Judas? Worte dringen an sein Ohr, von Christus gesprochen: »Vater, dieses Leben, das Du über den Menschen verhängt hast, braucht Judas genauso, wie es Mich braucht. Auch seine Tat ist erlöst durch die Liebe, die sie ihm abverlangt hat.«
Ob das irgendein Versagen, eine Schwäche, eine ungute Tat ist – oder eben dieses, das für uns alle gilt:

»Dein Liebesfeuer
Ach Herr, wie teuer,
Wollt ich es hegen,
Wollt ich es pflegen,
Hab's nicht geheget,
Und nicht gepfleget,
Bin tot im Herzen –
O Höllenschmerzen!«

Mörike

Dennoch dürfen wir hoffen. Wir können das Geheimnis nicht erklären, weil es unsere Begriffe allemal übersteigt; wir können es nur anschauen, daß der Verrat, den Judas ja nicht etwa aus Haß oder Bosheit, sondern aus Verzweiflung und fehlgeleiteter Liebe beging, daß eben diese dunkle Tat den ewigen Quell der göttlichen

Liebe für uns erschlossen hat. Das Kreuz, das Marterwerkzeug ist zum Zeichen des Heiles geworden. In dem Blute, das von Golgatha strömt, in ihm fließt uns Seine Liebe wesenhaft zu. Das schlimmste Böse hat als Überwinderkraft das höchste Gute auf den Plan gerufen.

Nur auf diesem Hintergrund konnte Shakespeare in einem seiner Dramen den Satz prägen: »Herr, hilf, daß ich am Bösen nicht böser, sondern besser werde.« – Der Leidensstrom dieser Erfahrungen durch das Gestrüpp des täglichen Widersinnes. Von ihm berichten die Zeitungen nicht, aber er ist es, der allem seinen Sinn verleiht.

Wenn Maria Krehbiel das KZ als einen Ort der Abnützung und Erbauung gleichzeitig schildert, »eigentlich schon außerhalb jeder irdischen Ordnung«, so werden durch solche Worte alle gängigen Werte umgemünzt. »Wir hier gehorchen dem Zeitruf und erfüllen den Platz, gewiß, daß es der *unsere* ist. Über jeden Zweifel erhaben. Es gibt keine Zwischenzeit, die man nur hinter sich zu bringen hat. Es gibt nur Dasein. Bedeutsam. Es ist jede Stunde Lebenszeit. Und freigemacht, damit sie erfüllt werde mit uns.« – Die es böse meinten, haben das Gute bewirkt.

Es ist Nacht, als Judas hinausgeht. Aber Christus sagt: »Nun ist des Menschen Sohn verklärt« (Joh. 13). Auch er verläßt den Raum, geht das Tal mit den weißgekalkten Gräbern hinab in den Ölbaumhain. Das Bewußtsein der Jünger kann sich nicht aufrechthalten. Sie schlafen. Er ist allein. Allein? Ein Engel neigt sich zu ihm und stärkt ihn mit dem Kelch. Dann ist er bereit zum Vollzug der selbsterwählten Tat, um aus der Verzweiflung die Hoffnung zu entbinden. Für immer.

Die Abschiedsreden und das hohepriesterliche Gebet

Da hob Jesus seine Augen auf gen Himmel und sprach: »Vater, die Stunde ist gekommen« (Joh. 17). Jetzt schlägt Seine Stunde. Die Stunde der Offenbarung im Tod. Der heilige Wortesstrom dieses Abends mündet ein in das Gebet, in *das* große Fürbitte-Gebet des Gottessohnes für die Erdenmenschen, das seine segnende, lichtspendende Kraft bis heute erweist – unerschöpflich. Die Zukunft der Menschheit ist hier bereits vorweggenommen.

Lauschen wir noch einmal auf die Grundakkorde dieser Reden: Liebe, Freude, Frieden, Verheißung des Geistes.

Der Druck des Gesetzes, das mit schwerem Gewicht auf den Seelen lastete und sie unfrei machte, ist aufgehoben durch das neue Gebot: Liebet einander! »Ein neues Gebot gebe ich euch...«

Da echte *Liebe* jedoch nur in der Luft der Freiheit blüht, ist der Vollzug dieses »Gebotes« zugleich ganz in die Hand des Menschen gegeben. Daß damit keine Sentimentalität, kein leichtfertiges Gefühl gemeint ist, spricht schon wie mit Urgewalt das 15. Kapitel aus,

Vers 13: »Niemand hat größere Liebe denn die, daß er seine Seele, sein Leben (psyche meint beides) hingibt für seine Freunde.« Liebe ist immer eine Sache von Leben und Tod. Und da diese Schöpferkraft dem Weltall neu einverseelt werden soll durch die Erreichnisse des irdischen Lebens, ist sie auf das grausamste umkämpft. »Lernt am Hasse stählen – Liebesmut« (Christian Morgenstern).

Frieden – wieder muß man den Diamant dieses Wortes erst aus dem Dunkel befreien, ihn in das Licht heben, daß sein funkelnder Strahlenglanz sichtbar wird und wir den Klang der weihnachtlichen Engelschöre daraus vernehmen. Das war die göttliche Verheißung; die Erfüllung auf Erden muß erst noch errungen werden. »Nicht gebe ich euch wie die Welt gibt. Nicht schwach soll werden euer Herz und soll sich nicht fürchten« (Joh. 14).

Wenn im Gottesdienst vor der Kommunion Christus von dem Frieden spricht, von Seinem Frieden, der auch bei uns sein kann, so schließt sich gleich die menschliche Bitte an, daß in uns die Kraft wachsen möge, daß wir uns immer wieder der Macht des Bösen entringen mögen und wir dieses Friedens auch teilhaftig werden können. Die Friedensbotschaft der Engel wandte sich in der heiligen Nacht an den guten Willen des Menschen.

Der Sohnesgott, der drei Jahre auf der Erde das menschliche Schicksal geteilt hat, weiß: »... in der Welt habt ihr Angst, aber fasset Mut, ich habe die Welt über-

wunden«. Wer überwunden hat, lebt im Frieden. Das ist eine apokalyptische Kraft.
Wie der tödliche Ernst dieses Erdenweges Jesu Christi einmündet in den Goldglanz der *Freude*, wurde schon erwähnt. Und diese Freude strahlt aus auf die Jünger. »Euer Herz soll sich freuen und diese Freude kann niemand von euch nehmen.«
Die Verheißung des Heiligen Geistes – von allen Mysterien ist dieses das verhüllteste, noch am meisten zukunftsträchtige. Es hängt jedoch nicht nur der weitere Weg des Einzelmenschen, sondern die Zukunft von Menschheit und Erde davon ab, ob sich diese Verheißung erfüllt. Hier an der Frage des Heiligen Geistes, der Verwirklichung der Trinität im Menschen wird die Grenzscheide zum Islam am deutlichsten erkennbar. Aus Gottesknechten werden Gottesfreunde – Freunde, die Einblick gewinnen in die Ziele des Vatergottes – durch den Sohn.
Wie eine Vorwegnahme des Pfingstfeuers leuchtet es in diesem letzten Wortesstrom des Gründonnerstag abend. Die Abendröte des Abschieds verwebt sich in die Morgenröte des neuen Kommens.
Wie wird dieser Heilige Geist beschrieben?
Vornehmlich: es ist der Geist der Wahrheit (16,13), der auch uns zur Erkenntnis der Wahrheit leiten wird. Der Glaube an den Christus wird diese Erkenntniskräfte wecken. Glaube und Erkennen sollen einander nicht ausschließen, sondern die vom Herzen aufsteigende Wärme wird den Windhauch des Geistes entfachen.

Der Apokalyptiker schaut den Christus (Kap. 19), den weißen Reiter, »der Glaube und Erkenntnis wahr macht«. Dieser Geist wird die Erinnerungskraft im Menschen wecken, die das Vergangene wieder in die Gegenwart holt. Darin liegt der größte Trost. Nichts ist verloren. Der Erinnerungskraft kommt im Schicksal des einzelnen wie der Menschheit ein unschätzbarer Wert zu. Die Erinnerung an unseren göttlichen Ursprung, unser »Urständen im Geist« begründet die Würde des Menschen. Es gibt aber auch ein historisches Gewissen der ganzen Menschheit, das beschädigt würde, wenn je die Stationen des Entwicklungsweges aus dem Bewußtsein schwänden. Es ist das umfassende Wissen des Heiligen Geistes, das erst den gegenwärtigen geistigen Standort und seine Aufgabe zu bestimmen vermag. Zugleich keimt die Fähigkeit des Vorausblickes auf. Novalis hat es wohl am schönsten ausgesprochen:

»Und was man glaubt, es sei geschehn,
Kann man von weitem erst kommen sehn.«

Mit diesem Geist, der das Erkenntnisauge erschließt, der die Erinnerungskraft weckt, der Trost spendet, ist zugleich die Gabe der Urteilskraft verbunden, die uns befähigt, die Geister zu scheiden (16,8).

Mächtige Zukunftsperspektiven tauchen hier auf. Man sieht, wie mit dem Christentum die Evolutionsidee verbunden ist. »Ich habe euch noch viel zu sagen, aber jetzt könnt ihr es noch nicht tragen.«

Hier wird am stärksten der grundsätzliche Unterschied

zum Islam erkennbar. Man muß wissen, daß der Islam keine Evolutionsidee kennt, keine Entwicklung. Das höchste Ziel ist im Jenseits die Wiederherstellung des größten irdischen Glücks. Nun gibt es aber in der Welt keinen Stillstand. Das berühmt gewordene Diktum, in dem Heraklit seine Weisheit von der Weltgesetzlichkeit zusammenfaßte: Alles fließt!, besteht zu Recht. Wer stehenbleibt, bleibt also zurück!

Unter diesem Gesichtspunkt müssen wir uns einmal die Frage stellen: Wer ist denn Allah, dem die alleinige Verehrung gezollt wird – Allah, der keinen Sohn hat? Man würde sehr fehlgehen, wenn man einfach den Schluß zöge, Allah sei Gott der Vater! Auch in der geistigen Welt vollziehen sich Entwicklungen. »Der Vater hat den Sohn lieb und hat ihm alles in seine Hand gegeben« (Joh. 5,36).* Der Islam hat den Weltenfortschritt vom Vater zum Sohn nicht mitgemacht, den Schritt vom Gesetz zur Erweckung des Gewissens, das die eigene freie Entscheidung ermöglicht aus Liebe zur Tat. »Das Gesetz ist durch Moses gegeben. Die Gnade aber und die Wahrheit sind durch Jesus Christus entstanden« (Joh. 1).

Der Welt wird heute demonstriert, was es bedeutet, wenn eine Religion staatenbildend auftritt, die nach der Maxime lebt: Der Andersgläubige ist der Feind. Daß das Christentum selbst häufig diesem Irrtum verfallen

* Eine genaue Darstellung des Verhältnisses zwischen Vater und Sohn findet sich in dem Werk von Rudolf Frieling »Christentum und Islam«, Stuttgart 1977.

war und noch weit entfernt ist von der Erfüllung seines höchsten Zieles – Feindesliebe –, zeugt nur von der Schwäche seiner Vertreter, ist jedoch kein Argument gegen seine Grundwahrheit. Wir stehen eben noch am Anfang der Verwirklichung des Christentums.

Bei aller Toleranz, die in den persönlichen Beziehungen walten soll, müssen wir doch um ein klares Unterscheidungsvermögen und saubere Urteilskraft ringen. Der tiefgreifende Unterschied tritt am augenfälligsten in Erscheinung, wenn man die beiden Gotteshäuser vergleicht.

Das teppichbedeckte Innere der Moschee, so großartig sie auch architektonisch gestaltet sein mag, ist leer. Es hat kein Zentrum. Hat man Gelegenheit, einer Gebetsstunde beizuwohnen, so wird einen die fromme Verehrungskraft der knienden Menschen beeindrucken; doch der Blick gleitet über zur Erde gekrümmte Rücken.

Und wieder zieht ein Wort des Johannes-Evangeliums durch den Sinn: »Ich sage hinfort nicht, daß ihr Knechte seid, denn ein Knecht weiß nicht, was sein Herr tut. Euch aber habe ich gesagt, daß ihr Freunde seid« (Joh. 15,15).

Das Zentrum des christlichen Gotteshauses ist der Altar, an dem in einer heiligen Handlung an die Opfer-Tat des Christus erinnert und um das Herniederströmen seiner Segenskräfte in Menschenherzen, ja bis in die irdischen Substanzen von Brot und Wein gebetet wird. Das Mitfeiern dieses Geschehens, von dem es heißt, daß wir es aufnehmen sollen in unser Denken, weckt und verstärkt die Opfergesinnung im Menschen, deren die Erde heute so dringend bedarf. »Wir brauchen für unsere Kultur eine Schule der Selbstlosigkeit... Denn Christus erkennen, heißt eine Schule der Selbstlosigkeit durchmachen« (Rudolf Steiner, Vortrag vom 2.6.1914, Dornach).

Und nun erfließt dieser heilige Strom der Worte, das hohepriesterliche Gebet, in dem der Logos selber strömt. – Wir haben Christus kennenlernen dürfen als Lehrer, als Heiler, als den Menschenbruder, der die Schuld mitträgt und vergibt – zuletzt wird er sichtbar als der Hohepriester der Menschheit. »Da er alles vollendet hatte, ist er allen, die ihm dienen, der Führer zur ewigen Seligkeit geworden, genannt von Gott ein Hohepriester nach der Ordnung des Melchisedek« (Hebr. 5,9).

Im Hintergrunde mag der Altar in den Himmeln vor dem Auge auftauchen, weihrauchumwölkt, wie ihn Johannes auf Patmos schaute (Apk. 8).

Was tut der Hohepriester, wenn er seines Amtes waltet? Er holt durch sein Gebet die Gotteskräfte herab und schließt durch die Darbringung des Opfers die geistige Welt auf, daß die Himmelskräfte auf und nieder steigen können zur Verklärung der Erde und der Mensch seines himmlischen Urbildes wieder ansichtig wird.

Haben wir schon einmal bedacht, daß das Christentum die erste Religion in der Menschheitsgeschichte ist, in der die Gottheit als »Vater« angesprochen wird? Daß der Sohn ihn so anredet, ist selbstverständlich. Aber daß wir Menschen auf die gleiche Stufe der Vertrautheit, der Sohnschaft erhoben werden! Und also jedes Gebet zu einer Zwiesprache werden kann! Die erste Stufe der heiligen Handlung hat Christus, der Hohepriester, vollzogen, indem er vom Vater verkündete. Er hat seinen Namen auf Erden offenbart. – Sodann: sein ganzes Wirken und Leben ist Hinopferung seiner selbst, Hinströmen seiner Kräfte in die Erdensubstanz; dadurch kann langsam die Erde wieder verwandelt, verklärt werden.

Schließlich die unio mystica: »... auf daß sie alle eins seien, gleichwie du, Vater, in mir und ich in dir, daß auch sie in uns eins seien ... Ich in ihnen, du in mir, auf daß sie vollkommen seien in eins und die Welt erkenne, daß du mich gesandt hast und liebst sie, gleichwie du mich liebst« (Joh. 17,21–23).

Dieses Gebet enthüllt das Mysterium, wie Christus auf Erden als der Hohepriester der Menschheit die vier Stufen eines heiligen Gottesdienstes vollzog.

»Wer Gott sieht – stirbt.« Mit ehernen Lettern stand das über der Geschichte der Vorzeit geschrieben. Selbst Moses, der auf dem Berge mit Gott sprechen durfte, mußte sein Antlitz verhüllen, als der Herr an ihm vorüberging. In Christus, der sich völlig durchlässig gemacht hat für das Sein dessen, der ihn gesandt hat, sehen wir den Vater. »Wer mich sieht, sieht den Vater« (Joh. 14).

»Gott hat niemand bisher mit Augen geschaut. Der eingeborene Sohn, der im Innern des Weltenvaters war, er ist der Führer zu diesem Schauen geworden« (Joh. 1).

Wenn wir Menschen lernen, uns durchlässig zu machen für den Sohn, ob dann das Wirken des heiligen Geistes beginnen kann?

Bedenken wir: Es ist der Vorabend des Todes, eine Stunde, bevor er sich selbst den Häschern ausliefert, und er dankt dem Vater, dem gerechten Gott, daß er ihm »Vollmacht über alles Fleisch gegeben hat«. Rätselhafte Worte: werden ihn nicht die Tatsachen der nächsten 24 Stunden widerlegen?

Wir brauchen neue Begriffe zum Verständnis dieser Geheimnisse. In dem Kapitel über die Auferstehung wollen wir versuchen, uns mit Hilfe der paulinischen Theologie (1. Kor. 15) an diese Geheimnisse heranzutasten.

Am nächsten Tage, am Karfreitag, wird in der Finsternis der Mittagsstunde, da die Erde erbebt, der Vorhang im Tempel zerrissen, der das Allerheiligste bislang vor den Augen der Menschen verborgen hielt. Das innerste Mysterium wird freigegeben, auch wenn die ganze übrige Erdenzeit dazu gebraucht wird, um es zu entziffern. »Im Tode ward das ew'ge Leben kund« (Novalis).

Christus ist in den Tod gegangen. Er ist zum Vater gegangen. »Vater, in Deine Hände befehle ich meinen Geist.« – Das Tor bleibt offen. Der Strom der Wahr-

heit, der ewigwährenden Liebe fließt daraus hervor und kann seitdem das Leben und Sterben eines jeden Menschen heiligen. Wir fallen nicht in ein Nichts. Hände strecken sich uns entgegen.
»Vater, ich will, daß wo ich bin, auch die bei mir seien, die du mir gegeben hast, daß sie meine Herrlichkeit sehen, die du mir gegeben hast, denn du hast mich geliebt, ehe die Welt gegründet war« (Joh. 17,24).

Die letzte Erdennacht Christi

Die letzte Nacht, die der Christus in einem Erdenleibe verbringt, ist nicht minder heilig, als jene erste es war, da der Mensch geboren wurde, der zum Träger des Christus werden sollte. Heilige Freude erfüllte die Räume in der ersten heiligen Nacht; und jetzt – heiliger Schmerz.

»Da Jesus in den Garten ging,
und sich sein bittres Leid anfing,
da trauert Laub und grünes Gras.
Die hohen Bäume, die bogen sich,
die harten Fels zerkloben sich,
die Sonn' verlor ihren klaren Schein,
die Vögel ließen ihr Singen sein.«

Als Jesus mit den elf Jüngern nach dem Abendmahl das Coenaculum verließ und durch die menschenleeren Straßen in das Tal Josaphat hinabging, da stieg der Mond hinter den Bergen hervor. In seinem Licht

begannen die zahllosen gekalkten Grabsteine des weiten Gräberfeldes an beiden Seiten weiß aufzuleuchten. Es war eine kalte Nacht, und das silberne Mondenlicht überglänzte alle Dinge mit einem fremden Schein. Auch das, was die Jünger auf diesem Wege sprachen, erschien seltsam unwirklich, als seien sie sich selber entrückt und entfremdet. Als der Kidronbach überschritten war, betraten sie den Garten Gethsemane, einen Ölbaumhain, der sich den Hang des Ölberges hinaufzieht, mit mehreren Höhlen, in deren einer eine Ölkelter stand.
Acht der Jünger bleiben am Eingang zurück, nur die drei vertrautesten, Johannes, Petrus und Jakobus, folgen ihm in das Innere des Haines; folgen – und folgen auch nicht; sind dabei – und doch weltenfern. An dem Ringen dieser Nacht gibt es keine Teilhabe, kein Zur-Seite-Stehen. Wenn es eine Nacht auf Erden gegeben hat, die durch und durch Nacht war, dann war es diese.

»Der Ölberg betet mit dem einzigen Schrei,
der dem Stein ein Herz zerriß
Musik der Agonie
im Ohr des Universums ...«

Nelly Sachs

Und das war so gewollt und gewußt. Alle Heilsmöglichkeiten, deren der Kosmos voll war, wurden ferngehalten und ausgeschlossen. »Dies ist eure Stunde und die Macht der Finsternis«, nicht etwa, wie man meinen könnte: Nun hat das Böse doch triumphiert, selbst der Gott hat nichts ausrichten können gegen die Finsternis – nein, sondern für diese Nacht, deren Dauer nicht mit der Uhr meßbar ist, wird das Zepter den Dunkelmächten übergeben, freiwillig, aus Vollmacht.

Die Stunden unseres Lebens sind nicht gleich. Das Glück hat seine Stunde – und das Unglück. Unsere Wünsche, die ein stetiges Wachsen und Gelingen erstreben, sind lebensfremd. Auch die Angst hat ihre Zeit, und der Gott, der auf Erden das Menschenschicksal durchlebt, erfährt ihre Macht.

Der Seher Johannes schaut den Christus als den Herrn des Kosmos, den Pantokrator, und kann von ihm aussagen, daß er das Alpha und das Omega, der Urbeginn und das Weltenziel ist. Das ist etwas Ungeheures, daß das Ende – und zwar in Christus – schon einmal erschaut worden ist. Aber dazwischen hat die Finsternis ihre Stunde, muß und darf sie walten aus göttlichem Beschluß. Und sie erhält ihr Opfer. Es ist in der Rätselhaftigkeit des Lebens so bestellt, daß es eben dieses Opfers bedarf zu ihrer Überwindung. Das Zermalmtwerden durch die Mächte der Finsternis ist notwendig, damit die Saat des Zukünftigen wachsen kann. Nelly Sachs drückt es so aus: »Es ist noch nicht der Grad der Finsternis erreicht, wo die Dimension der Auferstehungen beginnt.«

In der Stunde der Finsternis erfüllt sich die Prophezeiung des Christus: »In dieser Nacht werdet ihr euch alle an mir ärgern.« Er wird zum Skandalon für die einen, weil er leidet wie ein Mensch, weil er die Schwäche seines Sterbeleibes spürt und erfährt, was Seelennot ist. Für die andern, weil der Gott sich freiwillig in die Hände der Menschen begibt. Er wird zum Ärgernis, den einen, weil er Mensch ist, den andern, weil er Gott ist. Als der Christus beim Abendmahl den Jüngern – allen, auch Judas – das Brot und den Wein als seinen Leib und sein Blut reichte, da hatte das große Sich-Verströmen seiner Lebenskräfte in die Elemente begonnen. Die Selbsthingabe, nicht als Gefühl, sondern als realer Vollzug. Der Zusammenhang zwischen dem Göttlichen und dem Menschlichen, zwischen dem Christuswesen und dem Jesusleibe wurde locker. So kam es, daß das Menschliche des Jesus dem Erleben der Grausamkeiten voll preisgegeben war, so daß die physische Kraft schier daran zerbrach. Nicht etwa in dem banalen Sinn, daß er auch nur ein Mensch war, der seine Schwächen und Anfechtungen hatte – sondern der Gott nimmt die Menschenschwäche an sich, um alle Erfahrungen einer Seele auf Erden durchzumachen. Das ist die Situation dieser Nacht: Der geistige Entschluß ist unbesiegbar. Die physische Kraft ist am Versagen. Die Seele ist betrübt bis an den Tod. Ahnen wir, was das heißt, einen solchen Schmerz zu fühlen, daß man nicht nur den Tod herbeiwünscht, sondern den Tod, das Vernichtetwerden in sich selbst erlebt mit der ganzen Seelengewalt des Fühlens? – Es gibt Menschen, die leiden dumpf; dann solche, die versteinern oder gar wahnsinnig werden. Unser menschliches Seelenvermögen ist begrenzt. Wohl kennen wir den Ausspruch Rudolf Steiners, daß jeder Mensch die Kraft hat, noch einen anderen mitzutragen; und wenn er das tut, mit allen Konsequenzen, dann ist das viel. Das Dämonische unseres Jahrhunderts zeigt sich darin, daß es immer unmöglicher wird, die Fülle unserer Handlungen, die wir mittels der Technik verrichten können, mit dem menschlichen Gefühl einzuholen und zu decken. Eine ganze Welt fällt aus dem menschlichen Bezug heraus. Wem fällt sie anheim? – Und nun ist ein Wesen da, das die Kraft und den Willen hat, nicht nur einen Menschen oder mehrere voll mitzutragen, ihre Lasten auf sich zu nehmen, sondern das »der Welt Sünde trägt«. Ein Wort, dessen Gewicht nicht zu ermessen ist. In dieser Nacht hat der Christus es auf sich genommen, jede Not, jedes Leid, jede Sünde mitzutragen, mitzuleiden bis an das Ende der Erdenwelt, um durch seinen fortwährenden Schmerz das, was dem Fürsten dieser Welt als seelenloses Gebilde zuzufallen droht, wieder einzufügen in das gottgewollte Leben.

Worum geht der Kampf in dieser Nacht? Es gilt, den fliehenden Geist im Leibe zu halten. Und dieses Ringen ist so hart, daß der Schweiß mit Blut vermischt zu Boden tropft. Nicht irgendeinen Tod wollte der Gott erleiden – sondern den schlimmsten, bösesten, qualvollsten; den nicht von der Natur, sondern vom Menschenhaß herbeigeführten. Darum die Bitte, daß der Kelch eines zu frühen Todes an ihm vorübergehen möge.

Und noch ein anderes: es gilt, in der Seele den Anblick der Bösheit, des Todes, der Einsamkeit – nicht nur des Karfreitags damals, sondern des dauernden Karfreitags der Welt – auszuhalten, angewiesen nur auf die von der Gottheit geläuterten Menschenkräfte. Sind keine Menschen da, die bemerken, was geschieht? Nein. Keine. Dabei ist es das einzige Mal, daß sich der Christus in den drei Jahren seines Erdenwandelns mit einer Bitte an Menschen wendet. Er bittet nicht um Hilfe. Bei dem, was er zu vollbringen hat, kann ihm kein Mensch helfen. Aber mit der Bitte, es zu bemerken, die Stunde nicht zu verschlafen. – Man kann nicht viel dazu sagen. Die größten Tragödien liegen gar nicht auf dem Felde der Geschehnisse; sie bestehen in der Gleichgültigkeit der Umwelt. Nicht der Heldentod auf der Bühne der Weltgeschichte ist die Tragödie, sondern das unbemerkte, unverstandene Opfer. Aber von seiner Wirkenskraft wird ihm deswegen nichts genommen: So wie das Opfer dieser Nacht wirkt durch Jahrtausende, so können auch wir Menschen der Gegenwart und Zukunft versuchen, etwas von der Wachsamkeit zu erlernen, um die wir gebeten werden von Gott.
Und dennoch ist diese heilige Nacht des Todeskampfes nicht ohne Hilfe. Wenn Menschen versagen und die Dämonen der Unterwelt herandrängen, um sich der Seele zu bemächtigen durch die Angst – dann neigt sich die Überwelt der Engel ganz dicht zum Menschen herab. Es ist die Welt, in der unsere eigenen vorgeburtlichen Entschlüsse urständen. Was ist das Ringen dieser

Stunde? Daß Ihm sein eigener Wille, das, was er sich in der geistigen Welt vorgesetzt hatte zu tun – das Eingehen in den Tod durch die Pforte des Hasses und der Schmach –, nicht geraubt wird durch die Schwäche seines Leibes. Immer hatte der Christus dieses Vollbringen einen Kelch genannt. Wie soll man sonst seine Worte an die Jünger verstehen, gesprochen auf dem Weg nach Jerusalem: »Könnt ihr den Kelch trinken, den ich trinken werde?« Der Kelch – das ist sein eigener göttlicher Schicksalswille, den er austrinken will bis auf den Grund. Jetzt, in der Stunde der tödlichen Not, da er droht ihm entrissen zu werden durch den unzeitigen Tod, die Sündenlast der Welt seine Seele zusammenpreßt, da hilft der Aufblick zur göttlichen Welt, aus der ihm ein Engel seinen Kelch entgegenhält, den unversehrten. Es ist der Kelch seines Leidens, sein eigener Wille, der ihm erscheint. Ihn ins Auge zu fassen, ihn zu trinken in bewußtem geistigen Vorwegnehmen, das ist die Hilfe. Ja, er kostet ihn zuvor; und das stärkt und kräftigt bis in den Leib hinein.

Ein geheimnisvolles Lebensgesetz wird hier offenbar: das Gesetz der geistigen Vorwegnahme. – Ein Abglanz dieser Stunde zu Gethsemane fällt in das Leben so manches Menschen hinein. Es ist tief ergreifend, die Aufzeichnungen eines jungen Dänen zu lesen (»Kim«, Ernst Reinhardt Bücherreihe), der während des letzten Krieges im Gefängnis auf seinen Tod wartet. Er erfährt die Ereignisse der Karwoche in ihrer zeitlosen Geistgegenwärtigkeit. Nach einer Folterung schreibt er: »Es ging mir gleich nachher auf, wie ich wieder ein neues Verständnis für die Gestalt Jesu habe. Die Wartezeit, das ist die Prüfung. Ich versichere Dir, die äußeren Torturen sind etwas rein Mechanisches, während dem sich der Geist mit etwas ganz anderem beschäftigt. Aber die Wartezeit im Garten, sie tropft von rotem Blut.«

In Stunden der Not und Schwäche gibt es nichts Stärkenderes als das ruhige Sich-Besinnen auf den ureigensten Wesensgrund. Was war es denn, was du einmal gewollt hast vor der Geburt? Welche Schwäche der Seele raubt dir jetzt den eigenen Schicksalswillen? Faß es ins Auge, was dir geschehen kann, wenn du ihn erfüllst! Nimm es vorweg, dann wirst du stärker dadurch! Man kann den eigenen Schicksalswillen trinken wie einen Kelch, der stärkt.

Gründonnerstag ist der Tag des Abendmahles. Zur Stunde des Sonnenunterganges empfingen es die Jünger. »Was ich jetzt tue, das wißt ihr noch nicht; aber hernach werdet ihr es erfahren.« In der Nacht empfängt der Christus den Kelch, der ihm Kraft gibt. – Wenn wir nun in dem Gottesdienst, in dem der Strom des heiligen Geschehens weiterfließt, den Kelch erheben, dann wird gleichzeitig davon gesprochen, daß wir uns zu dem Christus bekennen und daß die Mächte des Widersachers weichen müssen. Wir werden gestärkt, indem wir uns zu dem Willen des Christus bekennen, in dem der eigene höhere Wille urständet. Dann kann uns wohl noch allerlei passieren – aber nicht mehr schaden.

Nachdem der Christus den Kelch erschaut und getrunken hat, vermag er wieder voll von seinem Leibe Besitz zu ergreifen. Er steht auf, weckt die schlafenden Jünger und geht den Häschern entgegen. Als er auf die Frage, wen sie suchen, antwortet: Ich Bin, da ist dieses Ich-Bin von solcher Gewalt und Vollmacht, daß die Soldaten zurückweichen und zu Boden stürzen. Das königliche Vollbringen des Karfreitags beginnt.

Karfreitag

Der Erdenplanet trägt im Sternenkosmos als sein Zeichen das Kreuz: ♁.

Schon Plato sprach von der Seele der Erde, die in Kreuzesform über den Erdenleib ausgespannt ist. Was geschieht nun an diesem Kar-Freitag?

Da hat sich der Mensch gewordene Gott in völliger Freiheit, aus Liebe zu diesem Kreuz hinbegeben und hat es aufgerichtet. Allem Erdenschicksal ist dadurch eine Wende gegeben worden. Dieses Geschehen hat sich dem Zeitenleib der Erde eingeschrieben, unauslöschlich, so daß man niemals sagen kann: Das war – sondern immer nur: Es ist. Das hat zum Beispiel Dag Hammarskjöld erlebt, und er schreibt in seinem Tagebuch: »Die dritte Stunde. Und die neunte –. Das ist jetzt.«

»O wie nah ist Golgatha«, sagt ein altes Volkslied.

Es ist 12 Uhr mittags, als die Kreuzigung mit lärmendem Geschrei vollzogen wird. Die Kreuze sind nach

Osten gerichtet hin zur nahen Stadt, wo sich Tausende von Pilgern durch die Gassen schieben. Sie drängen zum Tempel hin, um noch zum Beginn der Zeremonien zurechtzukommen. Jeder trägt oder führt ein makelloses, einjähriges Lamm an seiner Hand. Im Augenblick der Kreuzerhöhung zeigen helle Posaunentöne den Beginn der Opferungsfeierlichkeiten an. Das Blut der Lämmer fängt man in goldenen Schalen auf und sprengt es an den Altar. Ein Teil des Fleisches wird in das Opferfeuer geworfen.

Während diese Tieropfer nach altem Ritus vollzogen werden, um die Gottheit zu versöhnen, erleidet der Menschensohn den Opfertod, von dem der Täufer sagte: »Siehe, das ist Gottes Lamm, das der Welt Sünde trägt« (Joh. 1).

Bald nach 12 Uhr erhebt sich vom Osten her, vom Toten Meer ein heftiger Sturm. Dichte gelbe Sandwolken werden hochgewirbelt und verhüllen allmählich das Licht der Sonne. Eine unheimlich schwüle, drükkende Finsternis legt sich über die ganze Stadt. Lähmendes Entsetzen erfaßt die Menschen. Was ist geschehen?

Um 3 Uhr ertönt vom Tempel her der dumpfe Laut des Widderhornes, und einige klare Posaunenstöße zeigen das Ende der Opferhandlungen an. Die Pilger eilen nach Hause. Das ist die Stunde, in der der Gekreuzigte seinen Atem aushaucht. »Vater, in deine Hände befehle ich meinen Geist« (Luk. 23).

Der Sandsturm legt sich, und in roter Glut tritt die Sonnenscheibe wieder hervor. Aber nun erbebt die Erde, Felsengräber brechen auf, ein tiefer Riß zerreißt den Golgathafelsen. Längst ist die höhnende Menge geflohen. Johannes und die Mutter Jesu harren aus unter dem Kreuz. Andere stehen von ferne.

Dem römischen Hauptmann, der in der Wache aushalten muß, preßt es die Worte von den Lippen: »Wahrlich, dieser ist Gottes Sohn gewesen« (Mark. 15).

Auch der Tempel bleibt vom Erdbeben nicht verschont. Der Vorhang, der das Allerheiligste vor den Augen des Volkes verhüllt, in dem die Gesetzestafeln in der Bundeslade gehütet werden, zerreißt von oben bis unten. Die allerheiligste Gottheit ist selber auf Erden erschienen und hat ihr Zeichen, das Kreuz, allem Irdischen einversiegelt.

Eine neue Weltenstunde ist angebrochen. Von außen gesehen, haben die Dämonen gesiegt; alle Schwächen der Menschen nutzend, hat die brutale Gewalt jemanden, der ein Höchstes wollte, zu Tode gebracht.

Wie aber sehen es die Himmlischen? Wir sehen den Schatten des Kreuzes – sie sehen sein Licht, das sich der Finsternis entringt. »Von dem Kreuz entspringt ein Licht – das ist Christi Angesicht«, weiß ein altes Wort.

Das Zeichen des Unheils ist zum Zeichen des Heils geworden, vor dem die Dämonen weichen müssen.

Der Menschensohn wurde erhöht am Kreuz – und ist seitdem ungezählten Menschen eine Quelle der Kraft und Ermutigung.

»In heilen Tagen liebt in Hof und Saal
Ich nicht das Bild des Schmerzes und der Qual;

Doch Qual und Schmerz ist auch ein irdisch Teil;
Das wußte Christ und schuf am Kreuz das Heil.

Je länger ich's betrachte, wird die Last
Mir abgenommen um die Hälfte fast,

Denn statt des einen leiden unser zwei:
Mein dorngekrönter Bruder steht mir bei.«

C. F. Meyer

Die Alleinherrschaft des Gesetzes ist gebrochen. Was für ein Wort wurde von dem Logos an diesem Tage der Erde eingeprägt als ihr Zeichen? Das Wort – Liebe.
Als Paulus durch Kleinasien und Griechenland wanderte und den gekreuzigten Christus verkündigte, da mußte er erfahren, daß seine Botschaft dem einen ein Ärgernis, dem anderen eine Torheit war.
Und wir heute? Was bedeutet sie uns?
Mag in alten Zeiten, da die Erde noch verklärt war vom Abglanz der Paradieseshelle, der Aufblick zu den lichten Göttern, den Freude-Spendenden das Gemäße gewesen sein. Uns aber, die wir wohnen am dunklen Ort, dicht am Abgrund des Bösen – was hilft uns ein strahlender Übermensch?
Wir, an das Schicksal Gekreuzigte, an das Todesskelett Gefesselte – der Gottheit sei Dank, unser Heiland ist ein Gekreuzigter – erfahren in Knechtschaft Folter und Pein.

Was den Alten noch ein Ärgernis war, eine Torheit – ist unsere Rettung. So hat es ein Norweger in der Gefangenschaft des letzten Krieges in äußerster Verlassenheit erfahren:

»An meiner Zellenwand erschien das Bild
Von Christi Haupt, dornengekrönt.
In tiefem Frieden lag sein Schmerz gestillt
Und kundtat stumm: Gesühnt, versöhnt.«

Peter Moen

Karsamstag

Stummheit lagert über Jerusalem. Den Sabbath über blieben sie still nach dem Gesetz. Noch zittert der Schrecken vom Karfreitag nach. Da war eine alte Welt zerbrochen, der feste Tragegrund der Erde ins Wanken geraten, und als der Vorhang im Tempel zerriß, die heiligen Geräte stürzten, da war die kultische Ordnung, die das Leben zusammengehalten hatte, zerstört. Nun herrscht die Stille.
Und in der Erde? Was geht vor in den Tiefen? Hätten wir Augen, um in den Abgrund zu schauen, dann würden wir sehen, wie es sich regt, tief drunten im Todesacker des Seins. »Am Samstag, da bin ich ein Weizenkorn, das in der Erde wird neu geborn.« Droben steht das leere Kreuz. Drunten zieht Christus ein in den Hades, steigt hinab zu den Toten, wo Adams Söhne und Töchter klagen. Wie sie herandrängen an ihn, die fahlen Schatten, in endloser Zahl, aus allen Räumen

und Zeiten, um Leben zu saugen für ihr schwindendes Sein. Ein Leuchten schwebt durch die dunkle Erde, durch Felsen, Wasser, Lüfte. Das Leben beginnt zu keimen im Beinhaus des Todes.

Hätten wir Augen, wir würden sehen, wie er weiterdringt bis zum Kern des Abgrunds, pocht an die schwarzen Felsengrüfte der Hölle, die Kerker des Bösen. Sie wehren sich umsonst (man denke an die meisterhaften Schilderungen des Redentiner Osterspiels). Ein mildes Licht glimmt auf in der Schwärze, das Sanfte besiegt die Gewalt. Das Lebensbrot der Gnade wird in die Hölle gebracht, unter dem Kalvarienberg, dem uralten Weinberg. Das Blut Gottes rinnt in der Stille hinab in die Erde, wird Wein der Erlösung für die Verdammten. »Tod, wo ist dein Stachel? Hölle, wo ist dein Sieg?«

Auferstehung

Auch wenn man heute vielfach meint, die Auferstehung Christi als »Märlein« abtun zu können, einen Mythos, den die wundersüchtigen ersten Christen um ihren Meister woben, so bleiben dennoch die Worte des Paulus die schlichte Wahrheit: »Ist aber Christus nicht auferstanden, so ist unsere Predigt vergeblich, so ist auch euer Glaube vergeblich« (1. Korinther 15).
Auch Paracelsus hatte noch Begriffe für dieses Mysterium: »Es sind zwei Kreaturen im Menschen, die tödliche und die ewige. Die tödliche ist aus Adam erschaffen durch Gott den Vater, die ewige durch Gott den Sohn. Was nun in der Schöpfung Gottes des Vaters stirbt, steht nicht wieder auf zum Leben, aber wohl, was in Gott dem Sohne stirbt... Beide Geschöpfe sind Substanz. Nun ist für unsere Augen der eine Leib, nämlich der des Vaters, sichtbar, der andere unsichtbar und ist die Schöpfung des Sohnes. Es sind gleicherweise ›Leiber‹ von *einer* Form, allein geschieden in bezug auf den Tod. Der Leib Adams ist tödlich geworden. Dieweil Gott aber beschlossen hat, den Menschen im Himmel leiblich zu haben, darum ist durch Gott dem Sohn die Vermählung von Leib und Seele aufs neue geschehen und der Seele ist jetzt ein ewiger Leib gegeben, so daß jetzt dieser Leib und die Seele ein Ding sind. – Darum wisset: In der Auferstehung wird nicht Adams Fleisch

auferstehen, sondern der neue Leib und nicht Geist und Seele allein. Denn Gott will den Menschen leiblich im Himmel haben. – Der irdische Leib wird dahinschwinden wie firniger Schnee. Im neuen Leib heißen wir nicht mehr Seelen, sondern Menschen. Denn Seele und Blut und Fleisch sind da *ein* Ding. Nach der Auferstehung sind wir imagines Dei, göttliche Menschen, himmlische Kreaturen.« (Paracelsus: »Das Mahl des Herrn«)*

Man möchte fast die Behauptung wagen, kein Ereignis sei so genau und so differenziert in den Evangelien beschrieben worden wie eben dieses. Läßt man sich einmal darauf ein, so entdeckt man, daß Ostern keineswegs mit plötzlichem Jubel aus der Finsternis der Karwoche hervorbricht, daß es da vielmehr Stufen in einem Wachstumsprozeß gibt.

In der Frühe des Sonntags, des ersten Tages der Woche, beginnt es »als es noch finster war«. So Johannes. Matthäus fügt hinzu, daß die Elemente nochmals in Aufruhr gerieten. »Es geschah ein großes Erdbeben.« Die Frauen, die sich als erste in der Nacht herausgewagt hatten, gewahren im Blitz das hierarchische Wesen, das den Stein vom Grabe rollt.**

Johannes beschreibt, wie nach dem Bericht der Frauen nun auch Petrus und Johannes zum Grabe eilen. Es ist

* Hybernia-Verlag, Dornach 1950.

** Näheres über die genaue Reihenfolge der Ereignisse: Emil Bock, »Die drei Jahre«, Stuttgart 1981.

leer. Ja, sie gehen sogar hinein in das leere Grab. Dies muß wohl als erste Stufe festgehalten werden: das Erleben der Finsternis, der noch immer wankende Erdboden, das Stehen am leeren Grab – wie am Abgrund des Seins. So beginnt Ostern. Allemal. Die völlige Ohnmacht, das Nichts, die Verzweiflung, die Ausweglosigkeit sind die notwendige Schwelle für die Menschenseele. Die ersten drei Evangelien beschreiben zwar, wie sich den Frauen allmählich die Leere wesenhaft erfüllt. Engel erzeigen sich ihnen, die Leere bestätigend, aber Wege weisend. Doch sind diese Erscheinungen noch immer umwittert von Schrecken und Furcht. »Zittern und Entsetzen hatten sie gepackt. Sie konnten zu niemandem reden, so fürchteten sie sich« (Markus 16). Der Mensch ist dem Einbruch des Übersinnlichen zunächst nicht gewachsen. Darum mußte immer das erste Wort des Engels lauten: Fürchte dich nicht! –

Das völlig Neue an der Geist-Berührung mit der Sphäre des Christus ist dies: daß er Frieden in die Herzen senkt. – Das beginnt schon bei der Begegnung mit Maria Magdalena. Sie ist ja die erste, die Ihn selbst wahrnimmt, und man kann nicht genug staunen über die Behutsamkeit, mit der sich hier die Pforten zu gänzlich neuen Erfahrungsweisen öffnen. Ihre vom Schmerz gelockerte Seele erschaut ebenfalls, als sie zu später Stunde wieder an das Grab kommt, Engel – und fühlt sich durch sie befragt: Warum weinest du? Welche Frage! Ihre Antwort ist noch ganz befangen von der bloßen Sinneswahrnehmung, und doch bahnt sich bereits eine Wende an. »Sie wandte sich um – und sieht Jesus stehen«, erkennt ihn jedoch nicht. Die Gestalt greift die Frage des Engels auf, die eine Frage zur Bewußtseinserweckung ist. »Sie aber meint, es sei der Gärtner.« Wie oft ist dieses Bild im Mittelalter gemalt worden, der Auferstandene im Garten, umgeben von Blumen und Bäumen! Nachdem sie ihre Antwort, fast möchte man sagen wie mechanisch wiederholt hat, trifft sie der Anruf ihres Namens, der zugleich ein Weckruf an ihr Ich ist. Zum zweitenmal heißt es: »Sie wandte sich um«; erneut vollzieht sich die Umkehr in der inneren Blickrichtung, weg vom Grab, weg vom Leichnam – wohin? Es ist wie eine erste zarte Augenöffnung für die ätherische Welt. Und da erkennt sie Ihn – wie soll man sagen – als Leuchtgestalt in dieser ätherischen Welt des Werdens und Wachsens, in die eine neue Substanz eingezogen ist.

Kennen wir das nicht, daß uns nach dem Tode eines geliebten Menschen die Natur anders anblickt? Daß Blumen wie zu Stätten der Begegnung und der Zwiesprache werden können? Weil der Lebensleib des Verstorbenen sich in die Ätherkräfte der Natur hinein erweitert. Aber darüber steht das eherne »Noli me tangere« – Rühre mich nicht an! Das Werdende hat noch nicht die »Seinsgewalt« erreicht. »Ich bin noch nicht aufgefahren zu meinem Vater und zu eurem Vater.« Was da keimhaft aufleuchtet, das muß erst noch befestigt werden mit »dauernden Gedanken«, wie es Goethe formuliert. Aber es ist kein Zweifel – Er war es, der

da momentweise Gestalt angenommen hatte. Erstes Aufglänzen einer neuen Gegenwart!
Die nächste Stufe beschreibt Lukas, wie sich den beiden, die am Sonntag abend nach Emmaus wandern, ein Weggefährte zugesellt, der – zwischen ihnen wandelnd – ihre Gedanken erhellt, Einsicht erblühen läßt und dadurch tröstet. Unversehens wird der Erinnerte gegenwärtig. Aber ihre Augen waren noch gehalten. Erst beim Vollzug des Mahles blitzt die Erkenntnis auf – für einen Augenblick, der jedoch genügt, um freudige Gewißheit in ihre trauernden Herzen zu senken.
Sie gehen zurück, wollen berichten – da haben die anderen in Jerusalem Ihn auch bereits erfahren. Seine Nähe wird unabhängig von Raum und Zeit. Das Element des Friedens wird wesenhafter, die Freude strahlender. Die Geistesgegenwart verdichtet sich zur leibhaftigen Wahrnehmung.
Das Wunder der 40 Tage beginnt – das Sichtbarwerden der Geistleiblichkeit. Wir alle tragen diesen Lichtleib an uns, nur nicht so ungetrübt und rein. Manch einer hat es empfunden: Unser Innerstes ist doch unsichtbar. Daß wir einander sehen können auf Erden, verdanken wir lediglich dem Tatbestand, daß dieser Lichtleib mit physischem Stoff ausgefüllt ist.
Schiller hat um dieses Geheimnis gewußt und das in seinem Gedicht »Das Ideal und das Leben« zum Ausdruck gebracht:

»Nur der Körper eignet jenen Mächten,
die das dunkle Schicksal flechten;
aber frei von jeder Zeitgewalt,
die Gespielin seliger Naturen,
wandelt oben in des Lichtes Fluren,
Göttlich unter Göttern die *Gestalt*.«

Das Ideal und das Leben

Diese Geistgestalt bleibt, wenn wir den materiellen Körper ablegen. Die Erträgnisse des Lebens sind ihm eingeschrieben. Was hier bereits im Spiegel der Seele zuweilen aufglänzt: daß wir immer nur die Hälfte der vollen Wirklichkeit erleben, nun wird es anschaubar. Wenn Nelly Sachs eine ihrer Leidensschwestern tröstet: »Deine Angst ist ins Leuchten geraten«, so spricht sie im Wort das aus, was Matthias Grünewald malte am Isenheimer Altar. Die Wunden des Auferstandenen sind Leuchtzentren geworden. Wie sollte man sonst verstehen, daß sich die Freude der Jünger vertieft, als Er ihnen seine Wundmale zeigt. – Daß Thomas dies nicht begreifen kann, was ihm die anderen berichten, wie bringt ihn gerade seine ungläubige Haltung uns nah! Bedarf es doch noch anderer Wahrnehmungsorgane als derjenigen, über die der bloße Verstand verfügt. Was jedoch sein Kopf nicht fassen kann, das darf sein Wesen eine Woche später erfahren: daß es eine Geistberührung gibt, ein Sich-Durchdringen, welches eine Gewißheit schenkt, die über jeden Zweifel erhaben ist.

40 Tage lang durften sich die Jünger in dieser Weise von der unmittelbaren Nähe des Auferstandenen umfangen fühlen. Es war, als würden sie erst jetzt voll zu ihm hin erwachen. Aber dieses Geschehen war noch an das heilige Land gebunden und sollte sich doch der ganzen Erde mitteilen. – Der Mantel seiner Nähe, der sie zunächst ganz dicht umhüllt hatte, wurde weiter, größer, allumfassender. »Er überwächst uns schon«, das war wohl das Erleben der Himmelfahrt. Und sie konnten ihm noch nicht folgen, so wie die Augen der aufsteigenden Sonne nicht folgen können. Die Erde, die ganze Menschheit sollte seiner Geistesgegenwart teilhaftig werden können. So verband sich sein Wesen mit dem Wolkensein, das im fortwährenden Wechselspiel mit der Erde innig verwoben ist –, der ungeteilte Mantel für den ganzen Planeten. Nun war seine Wahrnehmung nicht mehr an einen Ort, an ein Land, an ein Volk gebunden.

»Überall entspringt aus Grüften
Neues Leben, neues Blut,
Ewgen Frieden uns zu stiften,
Taucht er in die Lebensflut...«

Novalis hat um dieses Geheimnis am besten gewußt.

»Aus Kraut und Stein und Meer und Licht
Schimmert sein kindlich Angesicht.«

Was zunächst wie ein Verlassen-Werden schmerzlich erlebt wird, die Himmelfahrt, begründet jedoch eine neue Erdverbundenheit – für alle.
Das Verständnis dafür, die Einsicht flammte zehn Tage später in ihnen auf, in jedem einzelnen, nachdem die Einmütigkeit ihrer Gemeinschaft das rechte Gefäß erbildet hatte für das Hereinwirken des Heiligen Geistes.
Christus hat seine Seele, sein Leben der Erdensphäre einverleibt, und gleichzeitig – das war die unerwartete Erfahrung – erwuchs in ihrem Inneren sein Geistwort. Das Wunder der Einwohnung begann. Der Verlorengeglaubte wurde ihnen aufs neue zu eigen, wenn sie ihm ihre Herzen und Gedanken entgegenhoben – einmütig. Das erhöhte Ich wurde zum Wahrnehmungsorgan für das Wir. Die Verheißung verwirklicht sich: »Wo zwei oder drei beisammen sind in meinem Namen, da bin ich unter ihnen« (Math. 18). Das hat seine Gültigkeit – bis heute.

Wer war Johannes?

Wenn man sich länger mit dem Johannes-Evangelium beschäftigt, wird die Frage immer dringender: Wer war dieser Jünger, »den der Herr liebhatte«, den man Johannes nennt? Aus allem Geschilderten konnte vielleicht doch deutlich werden, daß ein außergewöhnlicher Geheimnisschleier diese Gestalt umgibt, daß der Bereich erst erobert werden will, ehe man sich an diese Frage heranwagt.

Was wissen wir von ihm, »den der Herr liebhatte«? Er lag an seiner Brust beim Abendmahl. Er stand unter dem Kreuz auf Golgatha und nahm die Mutter des Herrn in seinen Schutz. Und wir haben Kunde von seinem Tode in Ephesus um das Jahr 100 oder etwas später, wo sich der greise Presbyter, dessen Leben ein einziges Zelebrieren geworden war, im Angesicht der Gemeinde selbst in sein ihm zubereitetes Grab vor dem Altar legte. – Der erste Lebensabschnitt dieser Individualität bis hin zur Begegnung mit Christus ist jedoch verborgen, läßt sich nur erahnen und ertasten. Wird sein Name im Evangelium überhaupt genannt?

Greifen wir zurück: Das vierte Evangelium beginnt nicht mit einer Geburtsgeschichte, auch nicht mit dem Bericht von der Taufe – es hebt in den geistigen Welten an, man hat den Eindruck, längst vor der Erdenschöpfung: εν αρχῆ ῆν ὁ λογος – Im Urbeginne war das

Wort. Eine zweite Schöpfungsgeschichte – nicht mehr und nicht weniger, in der dem Logos, dem Sohn, die schöpferische Zeugungskraft zugeschrieben wird. In großen kreisenden Rhythmen löst sich das Wort, der Logos, aus den Geistgedanken der Urbeginne, eintauchend in die göttlichen Sphären von Licht und Leben, bis es sich schließlich in den Erdenstoff einsargt. »Ho logos sarx egéneto« – Das Wort ist Fleisch geworden.

Aber dieses Geschehen hat einen Zeugen – und der heißt Johannes. Der Name bedeutet: Gott gibt Gnade. Wenn in den majestätischen Runden der Schöpfungsgeschichte zum ersten Male dieser Name auftaucht, ist es wie das erste Erscheinen eines Menschen überhaupt. »Es ward ein Mensch, gesandt war er von Gott, mit seinem Namen Johannes.« Das ist im Grunde kein Eigenname. Wie auf dem Hintergrunde der Schöpfungsgeschichte in der Genesis leuchtet dieser Name auf, als wolle er sich durchsichtig machen für den anderen Namen des ersten Menschen: Adam. Von ihm, dem getreuen Zeugen und Wegbereiter seit Urzeiten spricht das vierte Evangelium in seiner ersten Hälfte. Man kann sich keine liebevollere Schilderung des Täufers denken als die im 3. Kapitel dieses Evangeliums. Man bedenke: Der Täufer selbst ist ja nicht dem Christus als Jünger nachgefolgt. Er vollzieht weiter seinen Auftrag der Wegbereitung, fern von dem Meister. Wohl schickt er seine Jünger zu ihm. Für sich selbst jedoch nimmt er die sichtbare Nähe nicht in Anspruch.

Und doch kann er, äußerlich von ihm getrennt, das höchste Zeugnis der Freundschaft ablegen, die ganz rein ist, weil sie selbstlos ist. Da sein Auge bar jeder Eigensucht war, konnte er den Größeren erkennen. »Was sagst du von dir selbst? Ich bin die Stimme eines Rufers in der Einsamkeit« (Joh. 1). Das war die Antwort, mit der er die Priester von Jerusalem, die ihm selbst die Würde des Messias antragen wollten, heimschickte. Seinem Herzen war die Eigenliebe fremd, deshalb leuchtete der wunderbare seltene Strahl der Mitfreude aus ihm hervor, was ihn die Worte sprechen ließ von dem Freund des Bräutigams, der an seiner Seite steht und sich über des Bräutigams Stimme freut. »Diese meine Freude ist heute erfüllt. Er muß wachsen. Ich muß abnehmen« (Joh. 3). Die ernste, gestrenge Büßerstimme des Täufers ist im Johannes-Evangelium wie verklärt. Das Opfer ist seines düsteren Vorzeichens entkleidet und erhält seinen freudigen Glanz zurück durch die freiwillige Bejahung aus Liebe zu dem Größeren.

Das vierte Evangelium wird deutlich in zwei große Abschnitte geteilt durch eine Zäsur am Ende des 10. Kapitels. Vor dem letzten Hinaufziehen nach Jerusalem kehrt Christus an seinen Ausgangspunkt zurück, an die Taufstelle am Jordan, »da Johannes ihn getauft hatte. Und viele kamen zu ihm und sprachen: Johannes tat kein Zeichen; aber alles, was Johannes von diesem gesagt hat, das ist wahr. Und glaubten allda viele an ihn«. Dann wird mit dem 11. Kapitel, das die Aufer-

weckung des Lazarus schildert, ein völlig neuer »Ton« angeschlagen. Vielleicht darf man es einmal versuchsweise so ausdrücken: Für die erste Wegstrecke seines Erdenwandels brauchte Christus den Freund, den Wegbereiter, der den Vollzug seines Auftrages bezeugte. Jetzt aber, für die Erfüllung der letzten Wegstrecke, des Eingehens in den selbstgewählten Tod auf Golgatha, bedarf er des Lazarus, den er beim ersten Ansehen liebte (vgl. Markus 10), der in dem Einweihungsschlaf, an den Grenzen des Irdischen, den Logos erkannt hatte. Nun vermochte er, als einziger, des Christus Wortesstrom aus dem Herzen zu empfangen beim Abendmahl und konnte, als alle anderen flohen, stehen unter dem Kreuz.
Wir haben in dem Kapitel über die Auferweckung des Lazarus versucht, uns etwas an das Geheimnis dieses Menschen, der wohl identisch ist mit dem reichen Jüngling, heranzutasten. Was wissen wir von seinen weiteren Wegen nach dem Tode und der Himmelfahrt Christi? In der Apostelgeschichte, die von den Schicksalen der Jünger nach der pfingstlichen Aussendung erzählt, steht Johannes noch eine Weile schweigend neben Petrus, der die Arena des Handelns betreten hat. Es ist, als ob der stille Begleiter durch sein Dasein die Kraft des Wirkens bei dem anderen erst ermöglicht.
Dann verwischen sich die Spuren in der äußeren Historie. Es gibt jedoch noch ein anderes Gedächtnis der Menschheit, das sich in Legenden, Sagen und Bildern niederschlägt, deren Zuverlässigkeit sich in der beharr-

lichen Treue der Überlieferung, unabhängig voneinander, erweist.
Da führt eine Spur nach Südfrankreich, ja bis hinauf ins Elsaß, fließt in den keltischen Kulturbereich hinein und berichtet von Lazarus, der seine Schwestern dorthin geleitet. Saintes-Maries-de-la-Mer, dicht bei der Rhône-Mündung, wird als Lande-Hafen überliefert. Aber dort ist seines Bleibens nicht. Hatte er doch das Vermächtnis Christi zu erfüllen und für dessen Mutter zu sorgen. Wenn man in unmittelbarer Nähe von Ephesus das sogenannte Wohnhaus der Maria auf dem Ala Dag besucht (seine Grundpfosten reichen bis in das 1. Jahrhundert zurück), betritt man, noch heute, heiligen Boden. Die dichte Atmosphäre an diesem einsamen Waldort in der Höhe, von der man über einen uralten Hain der Artemis hinweg zum Silberstreif des Meeres schaut, ist beredtes Zeugnis dafür, daß die Stätte durch die Anwesenheit besonderer Menschen eingeweiht wurde. (Die Schauungen der Katharina von Emmerich decken sich genau mit den Überlieferungen eines christlichen Kirkinjotenstammes, die noch heute am 15. August auf den Ala Dag pilgern, um Tod und Himmelfahrt der Maria zu feiern.)
Aber in Ephesus, der uralten Mysterienstätte, war Johannes kein ruhiges Verweilen beschieden. Auch jetzt noch wird man von der Hochspannung gewaltiger Geisteskämpfe berührt, wenn man in der unmittelbaren Nachbarschaft des jetzt versunkenen Artemistempels die Johannes-Basilika gewahrt und sich die Szene

vor das innere Auge malt, wie der Jünger Christi in diesem Tempel, den man als eines der sieben Weltwunder ansah, den alten Gottheiten opfern sollte, die längst ihren Stab an den Christus weitergegeben hatten. Aus welchen übersinnlichen Vollmachten heraus die Apostel des Urchristentums das Nein zu sprechen vermochten und fraglos das Martyrium auf sich nahmen, können wir heute nur von ferne erahnen.
Es wird in der Regierungszeit des Domitian (81-96) gewesen sein, daß man den also Standhaften nach Rom verschleppte und ihn dort das Martyrium erleiden ließ. Doch sollte sich das innere Feuer stärker erweisen als das siedende Öl, in das man ihn tauchte. Die jedoch der Marter widerstanden hatten, wurden verbannt. So nimmt ihn die Insel Patmos auf als Verbannten, dessen Geist in die grandiose Schau der Apokalypse befreit wird.
Wahrscheinlich nach dem Tode des Kaisers Domitian, um 96, darf Johannes nach Ephesus zurückkehren, in die Gemeinde, deren geistiges Siegel er auf Patmos erschaut hatte, die er nun ganz durchtränkt mit christlicher Substanz. Jetzt schreibt er sein Evangelium des Logos an dem Ort, an dem einst Heraklit um die Weisheit des Logos gerungen hatte.
Hier mündet der Strom seiner Worte ein in das Schweigen, das nur noch die Weisung »Kindlein, liebet euch untereinander« als letztgültige zu verkünden hat. In diesen kargen Worten ist die ganze Mission der Erde aufgewogen.

Am Geburtstag Johannes des Täufers, am 24. Juni schließlich, bettet sich der greise Priester selber in das ihm zubereitete Grab vor dem Altar und haucht im Angesicht der Gemeinde seinen Geist aus.
Die Überlieferung sagt: Er ist nicht gestorben, er schläft in der Erde. Über seinem Grab wogt der Weizen, und wer es vermag, hört sein Raunen und Sprechen im Wind.

Die Werke des Johannes

Wir kennen allermeist sein Evangelium, das diese ganz besondere Eigenart und Wirkungskraft hat. Es überrascht uns vielleicht zu hören, daß es das letzte ist, was Johannes geschrieben hat.

Das erste, was sich von seinen inneren Erfahrungen in der Schrift niederschlug, ist die Apokalypse, die eigentlich erst jetzt im Bewußtsein der Menschen ankommt. »Mein Geist kann sich in dieses Buch nicht schicken«, mußte Luther noch bekennen. – Im Altertum war das visionäre Element der Apokalypse nicht unbekannt. Man denke nur an die Propheten des Alten Testaments, Jesaja, Jeremia, Hesekiel, Daniel. Die Apokalypse des Johannes hat demgegenüber einen völlig neuen Klang, bei aller Verwandtschaft der Bilder, die zuweilen auftaucht. Denn diese Imaginationen und Inspirationen, die dem Verbannten in der kleinen Höhle mit dem weit überhängenden Felsen geschenkt wurden, tragen ein neues Vorzeichen: Sie wurden nicht der Ekstase des Entrückten zuteil, sondern sie prägten sich in die erhöhte Wachheit seines Ich ein. In keiner anderen johanneischen Schrift kommt das Wort Ich so oft vor wie hier. »Ich, Johannes, euer Bruder und Gefährte im Leiden ... war auf der Insel Patmos, um des göttlichen Logos willen und wegen der Martyrien Jesu Christi ... Ich wurde in den Geist versetzt am Tage des Herrn!«

Immer wieder schiebt sich in die Übermacht des Geschauten und Gehörten die Kundgabe der Empfindungen dessen, der das alles erlebt. »Ich weinte sehr ... ich fiel nieder ...« Jedesmal wird er von einem Engelwesen neu aufgefordert, im Geistigen einen Schritt zu tun, bevor ihm die nächste höhere Stufe geoffenbart werden kann. »Komm, ... steige herauf ...« (Kap. 6), worauf dann wieder jedesmal ausdrücklich betont wird: »ich sah – ich hörte ...« Bis schließlich die Bekräftigung der Wahrheit im letzten Kapitel zusammengefaßt wird: »Ich bin Johannes, der solches gesehen und gehört hat ...« (Kap. 22,8).
Was drückt sich in dieser ständig wiederholten Nennung des Ich, verbunden mit seinem ihm durch den Christus neu verliehenen Namen aus? Das hat nichts mit eitler Selbstbespiegelung zu tun. Wohl aber stellt es mit Nachdruck fest, daß diese Offenbarung ihn nicht in einer Ekstase überwältigte, sondern daß er von Anfang an bis zum Ende mit seinem vollen Bewußtsein dabei war, daß er die Schau des kosmischen Christus in seinem Ich empfing. Man bedenke: Was wir heute kaum ertragen zu lesen – die Zukunftsschau der Schicksale des Erdplaneten, der Kampf in den Himmeln und auf der Erde um die Menschenseele, ihre Prüfung durch das von Gott zugelassene Eingreifen des Bösen – das prägte sich mit unauslöschlichem Siegel in das Ich des Johannes ein und bildete fortan den Inhalt seines Bewußtseins.
Wir müssen es uns versagen, hier weiter den Inhalt der

Schauungen zu besprechen.* Dieses Buch, für jedermann lesbar im Neuen Testament und doch verschlossen mit sieben Siegeln, will nicht nur gelesen werden, man muß es sich Stufe um Stufe erringen, sich einverleiben. Da es gänzlich mit persönlicher Ich-Kraft durchzogen ist, vermag es auch die Ich-Kraft in dem zu stärken, der sich damit durchdringt.

Auf diesem Hintergrunde wirkt die Eigenart des Evangeliums nun ganz besonders prägnant. Das Wort Ich kommt in bezug auf die Persönlichkeit des Schreibers überhaupt nicht vor. Ebensowenig, wie er den Namen Johannes (»Gott schenkt Gnade«) oder »der Zeuge des Lichtes« für sich verwendet. Er macht sich selbst völlig durchsichtig für das Sein des Größeren. So wie das Auge auch nur dadurch zum Aufnahmeorgan für die Welt werden kann, daß es selbst durchlässig ist. Das von Paulus vor uns hingestellte Lebensziel: »Nicht ich, sondern Christus in mir«, wurde hier bereits gelebt. Nur das ganz selbstlos gewordene Gehör vermag die machtvollen Offenbarungen des göttlichen Ich-Bin aufzufangen.

Schlagen wir nun die drei Briefe auf, die uns von Johannes überkommen sind, die wahrscheinlich im gleichen Zeitraum wie das Evangelium ihren Ursprung haben, so erleben wir noch einmal eine Überraschung. – Da werden die Worte nicht durch das Ich bekräftigt, da tritt der Schreiber aber auch nicht in völlige Unschein-

* Siehe dazu: Emil Bock, Apokalypse, Stuttgart 1964

barkeit zurück, da taucht eine neue Vokabel auf: wir, »... was *wir* gehört ... was *wir* gesehen ... was *wir* mit unseren Händen betastet haben, das Wort des Lebens ... das verkündigen *wir* euch, auf daß auch ihr mit uns *Gemeinschaft* habt« (1. Joh. 1).

Wir müssen uns diese Briefe wohl als kultische Sendschreiben an die Gemeinden in Kleinasien vorstellen und werden nun gewahr, wie die Gottesliebe in die Menschenliebe einmündet, wie das von Christus erfüllte Ich befähigt wird für das Mysterium der Gemeinschaft, das eigentliche christliche Mysterium der Zukunft. »Wo zwei oder drei beisammen sind in meinem Namen, da bin ich mitten unter ihnen.«

Was heißt das eigentlich? Der Mensch findet nur schwer den Christus in sich, wohl aber webt er in den zwischenmenschlichen Beziehungen. Anders ausgedrückt würde das unter anderem heißen: das Augenmerk nicht so sehr auf das eigene Innere zu lenken, sondern viel mehr den Umkreis in das Bewußtsein aufzunehmen. Auch dies: Christus erscheint nicht als eine geniale Führergestalt, vielmehr wird seine Kraft, sein Wesen dort spürbar, wo wir einander versuchen, uns gegenseitig in unseren Schwächen und Einseitigkeiten zu Hilfe zu kommen und einander zu tragen. Das ist die unerbittliche Wahrheit: Keiner kann allein selig werden, denn wir sind alle miteinander verbunden.

Der Hüter der Schwelle weist auf den christlichen Einweihungswegen des modernen Menschen – wie einen ganz bedeutenden zum Beispiel das Johannes-Evangelium darstellt – die übende Seele zurück, wenn sie nur für sich allein den Eintritt in die geistige Welt begehrt.

Es ist das gleiche eherne Gesetz, das in den Schilderungen der Apokalypse sichtbar wird: Das Ziel wird erschaut vom Seher im Bilde der goldenen Stadt. Das himmlische Jerusalem wird von *allen* erbaut und ist die Behausung für alle.

Wir wollen hier keine Ausdeutung der Motive der Johannes-Briefe vorlegen. Das überschreitet den Rahmen dieser Schrift. Wir möchten aber nicht versäumen, darauf aufmerksam zu machen, wie der Strom der Abschiedsreden aus dem Evangelium hier gewissermaßen weiterströmt, indem gezeigt wird, wie die Gottesliebe sich im Menschenreich verwirklichen kann. Die Gottesliebe muß zur Bruderliebe werden. »Lasset uns Ihn lieben, denn Er hat uns zuerst geliebt.« »Wer Gott liebt, der liebt auch seinen Bruder« (Joh. 4).

Die höchste Mission der Erde, aus einem Planeten der Weisheit zu einem Planeten der Liebe zu werden – hier wird sie von Johannes in klaren Worten ausgesprochen.

Unsere Zeit, in der sich aus aller weltumspannender Dramatik langsam ein Menschheitsbewußtsein herausbildet, liegt in den Schmerzen und Wehen der Geburt der Liebe.

Wer Johannes zu seinem Lebensbegleiter erwählt, der gewinnt einen starken Helfer, der ihn hinführt zum Leben mit Christus.

HANS-WERNER SCHROEDER

Das Gebet

Übung und Erfahrung

2. Auflage, 116 Seiten, 4 Abbildungen, Leinen

Hans-Werner Schroeder berichtet von Erfahrungen auf dem Gebiet des Gebets mitten im weltlichen Leben dieses Jahrhunderts. Behutsam geht er von Grund auf vor. Das Beten-Können wird nicht vorausgesetzt, sondern neu angeregt, ebenso das Motiv zum Beten. Nicht das Grübeln über das Beten, sondern das entschlossene, geduldig immer wieder ansetzende Beginnen führt schließlich dazu, daß sich dem modernen Menschen eine neue innere Mitte bildet. Der Verfasser geht nicht vom Sprechen, erst recht nicht vom egoistischen Bitten aus, sondern vom Hören. Aus diesem entwickelt sich das religiöse Sprechen.

Wann soll und kann man beten? Der Abend wie der Morgen werden als besondere Gelegenheiten durchgesprochen, ebenso die göttliche Vergebung und die große Frage nach dem »Führe uns nicht in Versuchung«. Bitten, Loben und Danken sind Inhalt des Gebetes. Das Kindergebet, das Tischgebet, die Fürbitte, auch für Verstorbene, werden erörtert. Zum Schluß wird das Gebet dem Sakrament gegenübergestellt, werden Gebet und Meditation verglichen und Rudolf Steiners Beitrag zum Thema »Gebet« behandelt.

VERLAG URACHHAUS STUTTGART

HANS-WERNER SCHROEDER

Mensch und Engel

Die Wirklichkeit der Hierarchien

2. Auflage, 256 Seiten, 28 Abbildungen, Leinen

Das Bewußtsein einer über dem Menschen wirkenden Engelwelt ist in allen früheren Kulturen lebendig gewesen. Was kann heute von solchen Menschheitserfahrungen wieder neu erlebbar werden? Hans-Werner Schroeder versucht, das Wesen der Engel zu deuten, indem er zunächst von Engeldarstellungen in der Kunst ausgeht und Erlebnismöglichkeiten aufzeigt, die im gewöhnlichen Bewußtsein an die Engelwelt heranführen können, etwa in den Bereichen Geburt und Tod, Schicksal, Natur und Kunst, Gemeinschaft und in der Auseinandersetzung mit dem Bösen. Vom Bereich der Engel führt Schroeder zu den Erzengeln, den Urkräften und in noch höhere Engelwelten. So werden sowohl die traditionellen als auch die modernen geisteswissenschaftlichen Erkenntnisse über die Hierarchien vermittelt.
Einige Zeugnisse moderner Dichtung sowie Beispiele von Engeldarstellungen aus der bildenden Kunst runden dieses Buch ab.